Stephan Düpre

GS-EAR

Eine komfortable Einnahmen-, Ausgaben-, Überschußrechnung

Stephan Düpre : GS-EAR

15 14 13 12 11 10 9 8 7 6 5 4 3 2
93 92

ISBN: 3-89390-145-0

© 1991 by Systhema Verlag GmbH, Kreiller Str. 156,
D-8000 München 82 / West-Germany.
Alle Rechte vorbehalten
Umschlaggestaltung: Systhema Verlag, Peter Balassa
Druck: Jos. C. Huber KG, Dießen a. Ammersee
Herstellung/Gestaltung: Caroline Butz, GIV PC-Satz und DTP

Printed in W-Germany

Shareware – eine Idee setzt sich durch

Was ist Shareware? Stellen Sie sich vor, Sie möchten ins Kino gehen. Von dem angekündigten Film haben Sie vorher noch nie etwas gehört, die Plakate sind aber recht vielversprechend, und das Thema scheint interessant zu sein. An der Kasse werden Sie freundlich darauf hingewiesen, daß der Eintrittspreis erst am Ende der Vorstellung fällig ist, und auch nur dann, wenn Ihnen der Film gefallen hat. Einzig die Platzanweiserin bekommt vorab ein kleines Trinkgeld. Klingt gut, nicht wahr? Leider sind die Kinobesitzer noch nicht so weit. Genau nach diesem Prinzip aber funktioniert Shareware: Software, die Sie erst dann bezahlen, wenn Sie sicher sind, daß sie Ihnen gefällt.

Gute Software zu entwickeln ist nicht nur teuer, es erfordert auch Kreativität, Einfühlungsvermögen und natürlich großes Know-how. Und gerade in dieser Hinsicht sind kleine, unkonventionelle Firmen oder Software-Entwickler oft den großen Software-Häusern überlegen. Ihre Programme entstehen im direkten Kontakt mit den Benutzern oder sind das Ergebnis eigener Probleme, die sich mit der auf dem Markt verfügbaren Software nicht lösen ließen.

Nur sehr selten verfügen diese Programmautoren aber über die Möglichkeiten, ihre Software auch mit dem nötigen Werbungs- und Marketingaufwand »unters Volk« zu bringen. In der Vergangenheit hat aus diesem Grund so manches gute Produkt niemals die Verbreitung erreicht, die es verdient hätte.

Das Sharewarekonzept ist eine geniale Lösung dieses Dilemmas. Jeder, der sich für neue Software interessiert, erhält über die PC-SIG für eine geringe Herstellungs- und Bearbeitungsgebühr die Programme der Shareware-Autoren. Nur wer von der Qualität eines Programmes überzeugt ist, zahlt später eine sogenannte »Registrierungsgebühr« an den Urheber. Es entstehen praktisch keine Kosten für die eigentliche Vermarktung des Produktes, dadurch kann der Preis für eine registrierte Version des Programmes sehr niedrig gehalten werden.

Viele kleine Utility-Programme, die wir Ihnen in der Systhema-Shareware-Reihe anbieten, sind sogar echte Public-Domain-Programme, das heißt sie werden von den Autoren ohne irgendwelche Gebühren der Allgemeinheit zur Verfügung gestellt.

Über die PC-SIG

Unser Partner bei der Verbreitung guter und preiswerter Software ist die PC-SIG (Personal Computer Software Interest Group). Die Nachfrage nach guter, preiswerter Software und die Originalität des Shareware-Konzeptes hat die PC-SIG weltweit zum größten Distributor von Public Domain und »Benutzer-unterstützter« Software gemacht. Seit der Gründung der PC-SIG 1982 hat eine wachsende Gemeinde von engagierten und kritischen Computeranwendern aus der kleinen Club-Programm-sammlung eine über 1000 Disketten umfassende Programmbibliothek werden lassen. Der große Erfolg der PC-SIG beruht auf der Nähe zu den Anwendern, die sich aktiv an der Verbesserung alter und der Entwicklung neuer Programme beteiligen.

Eine Bitte

Shareware kann nur deshalb so günstig angeboten werden, weil die Autoren sich darauf verlassen, daß jemand, der ihr Produkt benutzt, auch bereit ist, seinen finanziellen Beitrag zu leisten. Unterstützen Sie die Entwicklung preiswerter und leistungsfähiger Software, indem Sie den Entwicklern die geforderte Registrierungsgebühr zukommen lassen.

Auch Shareware ist urheberrechtlich geschützt! Die Autoren verzichten zwar darauf, die Weitergabe der Programme zu untersagen, sie geben aber ihre Rechte an den Programmen nicht frei.

Nähere Auskünfte erteilt:

Gandke & Schubert
Spessartstr. 2
4050 Mönchengladbach
Tel.: (0 21 66) 61 20 33

Inhalt

Kapitel 1

Einführung

1.1 GS-EAR

Die von Jürgen London im Auftrag der Firma Gandke & Schubert entwikkelte Einnahmen-Überschuß-Rechnung ist seit der ersten Installation Mitte 1990 ständig verbessert und weiterentwickelt worden. Dies führte dazu, daß die hier vorgestellte Version 1.30 ein ausgereiftes, leistungsfähiges und anwenderfreundliches Programm darstellt. Die Programmierung von GS-EAR im PC-Datenbank-Standard dBase ermöglicht bei vorhandenen Kenntnissen außerdem viele zusätzliche individuelle Auswertungen.

Seit Mitte 1990 wird GS-EAR, wie auch andere Produkte derselben Firma, mit Erfolg nach dem Shareware-Prinzip vermarktet. GS-EAR räumt seitdem, wie auch schon vorher GS-Auftrag, mit dem Vorurteil auf, daß Shareware-Programme für gewerbliche Anwendungsbereiche nicht zu gebrauchen sind. Mit GS-EAR liegt eine Einnahmen-Überschuß-Rechnung vor, die »kommerziellen« Programmen ebenbürtig und ihnen im Preis-Leistungs-Verhältnis sogar weit überlegen ist. Desweiteren ist, im Gegensatz zu vielen anderen auf dem Sharewaremarkt erhältlichen Programmen, die meist nur als Demoversionen mit beschränktem Funktionsumfang vertrieben werden, die Funktionsfähigkeit von GS-EAR in keinster Weise eingeschränkt.

Die Einnahme-Überschuß-Rechnung GS-EAR ist für alle jene konzipiert worden, die nach § 4 Abs. 3 EStG Ihren Gewinn ermitteln:

»Steuerpflichtige, die nicht auf Grund gesetzlicher Vorschriften verpflichtet sind, Bücher zu führen und regelmäßig Abschlüsse zu machen, und auch keine Bücher führen und Abschlüsse machen, können als Gewinn den Überschuß der Betriebseinnahmen über die Betriebsausgaben ansetzen.«

Zu dieser Gruppe gehören hauptsächlich Freiberufler wie Journalisten, Rechtsanwälte oder Ärzte.

Mit GS-EAR sind Sie nun in der Lage, die Verbuchung Ihrer Geschäfts-vorfälle einfach und bequem selbst zu verwalten. Der große Vorteil dabei ist, daß Sie sich so jederzeit einen exakten Überblick über Ihre finan-zielle Situation verschaffen können. Schließlich führt die eigene Buchfüh-rung auch zu einer Kostensenkung, da so in der Regel ein Steuerberater nur noch für den Jahresabschluß hinzugezogen werden muß.

Für dieses Buch stand die Version 1.30 von GS-EAR zur Verfügung. In dieser Version verfügt GS-EAR u.a. über folgende Leistungsmerkmale:

❏ Mandantenfähig (Verwaltung mehrerer Firmen)

❏ Frei definierbare Kontenrahmen

❏ Vordefinierte Kontenrahmen (Auszug aus dem Spezialkontenrahmen SKR03 der DATEV und ein Auszug aus dem Industriekontenrahmen IKR)

❏ Max. 22 Steuersätze (19 frei definierbar)

❏ Geschäfts-Buchhaltung

❏ Offene Posten-Buchhaltung mit Verwaltung von Teilzahlungen

❏ Anlage-Buchhaltung mit linearer, degressiver und zeitanteiliger Ab-schreibungsmöglichkeit

❏ Berücksichtigung von Sonderabschreibungen nach § 7g EStG

- ❏ Buchung von Anlagenveräußerung
- ❏ Standardbuchungen (Buchungsautomatik) für Geschäfts-, Anlagen- und offene Posten-Buchhaltung
- ❏ Auswertungen auf Bildschirm, Drucker oder Spooldatei
- ❏ Summen- und Saldenlisten
- ❏ Überschuß-Rechnung
- ❏ Umsatzsteuer-Voranmeldung
- ❏ Buchungsjournale (allgemein, Konten, Offene Posten)
- ❏ Kassenbuch
- ❏ Kontenplan
- ❏ Jahresumsätze einzelner Konten
- ❏ AfA-Liste und Abschreibungsübersicht
- ❏ Frei einstellbare Drucksequenzen (Schönschrift, Schmal-, Fett- u. Breitdruck)
- ❏ Brutto oder Nettobuchen
- ❏ Belegnummernautomatik
- ❏ Wahlweise Anzeige der Steuerberechnungen in der Buchungsliste
- ❏ Grafikzeichen für Ausdruck
- ❏ Wahl der Landeswährung
- ❏ Freie Kennzeichnung für Umsatzsteuer und Vorsteuer

❑ Definierbarer Eckbetrag für geringwertige Wirtschaftsgüter (GWG)

❑ Paßwortschutz

❑ Schnittstelle zur Fakturierung GS-Auftrag

❑ Kontextsensitive Hilfefunktion

Dies soll als kurzer Überblick über die Leistungsfähigkeit von GS-EAR erst einmal genügen. Im Folgenden sollen alle Möglichkeiten des Programms kurz vorgestellt werden, wobei anhand der unterschiedlichen Menüs alle Optionen der Reihe nach behandelt werden. Jedem Oberbegriff des Hauptmenüs ist also mindestens ein Kapitel gewidmet und jedes Kapitel ist wiederum entsprechend den einzelnen Optionen unterteilt.

Kapitel 2	Einstellungen
Kapitel 3	Dienstprogramme
Kapitel 4	Firmen/Jahrgänge
Kapitel 5	Buchen
Kapitel 6	Auswertungen

Die Kapitelüberschriften entsprechen den Bezeichnungen der jeweiligen Optionen innerhalb des Programms. Diese vorgehensweise wurde deshalb gewählt, um Ihnen erstens eine schnelle Orientierung innerhalb des Buches zu ermöglichen und zweitens um gewünschte Informationen schnell und einfach aufzufinden. Eine umfassende Darstellung inhaltlicher Zusammenhänge der einzelnen Optionen anhand einer Unternehmenssimulation ist für die Bookware, das heißt die registrierte Vollversion, von GS-EAR geplant, die Sie ebenfalls im Buchhandel erwerben können.

1.2 Lieferumfang

Das Programm GS-EAR wird auf einer 360 KByte-Diskette ausgeliefert. Auf dieser Diskette befinden sich folgende, mit Hilfe des Programms LHARC archivierte, Dateien:

GSEAR   Das eigentliche Hauptprogramm einschließlich aller benötigten Overlaydateien.

START.BAT   Batchprogramm mit Installations- und Programmhinweisen

INFO.TXT   Programminformationen

INSTALL.BAT   Batchprogramm zur Installation von GS-EAR auf der Festplatte

INSTALL.TXT   Installationshinweise

LIST.COM   Zeigt Textdateien auf dem Bildschirm (Aufruf LIST »DATEINAME«)

Nach der Installation auf der Festplatte müssen sich insgesamt 31 Dateien im Unterverzeichnis von GS-EAR befinden. Nachdem das Programm zum ersten Mal gestartet wurde und dadurch alle Suchdateien generiert wurden, sollte das Unterverzeichnis insgesamt 49 Files (Speicherbedarf: ca. 835.000 Byte) enthalten. Auf eine Auflistung dieser Dateien wird hier verzichtet.

1.3 Systemvoraussetzungen

Um GS-EAR einzusetzen, benötigen Sie mindestens folgende Hard- und Software-Voraussetzungen:

❑ Einen IBM-PC, XT oder AT bzw. einen dazu kompatiblen Computer

❑ Mindestens 640 Kilobyte Hauptspeicher (mit CHKDSK müssen 550 Kilobyte freier Speicher vorhanden sein)

❑ Eine Festplatte mit mindestens 1 Megabyte freiem Speicherplatz

❑ Einen Monochrom- oder Farbbildschirm mit entsprechender Grafikkarte

❑ Einen IBM oder Epson kompatiblen Nadeldrucker

❑ PC/MS DOS ab Version 3.0

Diese Voraussetzungen sind Mindestanforderungen, die erfüllt sein müssen, um mit GS-EAR arbeiten zu können. Allerdings sollten Sie beachten, daß der benötigte Speicherplatz auf der Festplatte erheblich von Ihrem Datenumfang abhängt. Daher sollten Sie bei der Bemessung des freien Speicherplatzes für GS-EAR eher etwas großzügiger sein.

Ebenso verhält es sich mit dem Speicherbedarf im Hauptspeicher. Solange Sie nur GS-EAR einsetzen, reicht der angegebene Speicherplatz von 640 Kilobyte aus. Möchten Sie jedoch gleichzeitig ein oder sogar mehrere größere speicherresidente Programme einsetzen (z.B. Insta-Calc oder dLite), benötigen Sie mehr als die angegebenen 640 Kilobyte. Hier empfiehlt sich dann der Einsatz eines AT kompatiblen Computer mit 1 Megabyte Hauptspeicher und entsprechenden Treibern.

1.4 Anlegen einer Sicherheitskopie

Die GS-EAR Diskette ist natürlich nicht kopiergeschützt. Deshalb können Sie ohne Probleme alle Dateien dorthin kopieren, wo Sie sie haben möchten. Um allerdings problemlos mit GS-EAR arbeiten zu können und um Ärger zu vermeiden, sollten Sie allerdings die folgenden Hinweise beachten.

Wie Sie sicherlich schon wissen, ist das allerwichtigste im Umgang mit Software, das Anlegen von Sicherheitskopien. Es kann überhaupt nicht oft genug darauf hingewiesen werden, daß Sie niemals und unter keinen Umständen mit einer Originaldiskette arbeiten sollten. Dies gilt auch für »Profis«!

Der erste Schritt bei der Verwendung eines neuen Programmes sollte daher immer das Anlegen einer Sicherheitskopie sein. Arbeiten Sie danach ausschließlich mit dieser Kopie und verwahren Sie die Originaldiskette an einem sicheren Ort auf. So haben Sie bei eventuellen Problemen eine intakte Version des Programmes. Um eine Kopie Ihrer GS-EAR Diskette zu erhalten, gehen Sie bitte so vor:

❑ legen Sie Ihre Originaldiskette in das Laufwerk A:.

❑ Nun legen Sie eine leere Diskette in das Laufwerk B:. Die leere Diskette muß nicht unbedingt formatiert sein, da der zum Erstellen einer Sicherheitskopie verwendete DOS-Befehl DISKCOPY, eine eventuell unformatierte Diskette automatisch formatiert.

❑ Melden Sie das Laufwerk A: als aktuelles Laufwerk an, und geben folgendes ein:

```
DISKCOPY A: B: ⏎
```

Wenn Sie nur ein Diskettenlaufwerk besitzen, melden Sie ebenfalls das Laufwerk A: als aktuelles Laufwerk an und geben

`DISKCOPY` ⏎

ein. Sie müssen dann nur die Disketten austauschen, wenn das Betriebssystem Sie dazu auffordert.

1.5 Datensicherung

Einen weiteren Punkt, die Sicherung der Datendateien, sollten Sie bei der Arbeit mit GS-EAR nicht außer acht lassen. Zwar ermöglicht Ihnen eine Kopie der Programmdiskette die Rekonstruktion des Programmes, nicht aber bereits angelegter Daten. Deshalb sollten Sie, falls Sie nicht sowieso ein regelmäßiges Backup Ihrer Festplatte anlegen (unbedingt zu empfehlen!), folgenden Dateien unbedingt in regelmäßigen Abständen auf einer oder mehreren Disketten sichern:

❑ Alle Dateien mit der Dateikennung DBF bzw. DBT (enthalten die eingegebenen Daten)

Diese im ersten Moment mühsame Vorkehrung wird Sie z.B. im Falles eines Defektes auf Ihrer Festplatte vor Schlimmeren bewahren.

Falls Sie keinen Streamer einsetzen, ist der einfachste Weg der Datensicherung, die Verwendung der beiden mitgelieferten Batch-Dateien SICHERN.BAT und RSICHERN.BAT. Dabei werden alle benötigten Daten einschließlich aller Unterverzeichnisse gesichert.

Für die Datensicherung geben Sie

`sichern [QUELLLAUFWERK] [ZIELLAUFWERK]` ⏎

ein. Das heißt, wenn sich GS-EAR auf dem Laufwerk C: befindet und Sie auf eine Diskette im Laufwerk A: sichern wollen, geben Sie

`sichern C: A:` ⏎

ein. Für die Rücksicherung geben Sie

`rsichern [QUELLLAUFWERK] [ZIELLAUFWERK]` ⏎

ein. Das heißt, wenn sich die gesicherten Dateien auf dem Laufwerk A: befinden und GS-EAR auf der Festplatte C:, geben Sie

`rsichern A: C:` ⏎ ein.

1.6 Installation

GS-EAR wird, wie bereits angesprochen, in komprimierter Form ausgeliefert. Das heißt, die Datei GSEAR enthält alle notwendigen Dateien in komprimierter Form, die sich bei der Installation selbst entarchivieren. Dies geschieht aus dem einfachen Grund, um GS-EAR auf einer einzigen Diskette ausliefern zu können. Um nun GS-EAR auf Ihrer Festplatte zu installieren, können Sie die mitgelieferte Batch-Datei INSTALL.BAT verwenden. Bitte beachten Sie aber, daß eine Installation von GS-EAR immer vom Laufwerk A: erfolgen muß. Wenn Sie also möchten, daß GS-Auftrag standardmäßig in das Unterverzeichnis \GSEAR auf Ihre Festplatte Laufwerk C: installiert wird, gehen Sie bitte so vor:

❏ Legen Sie Ihre Programmdiskette in Laufwerk **A:** und geben folgendes ein:

INSTALL ⏎

Anschließend erscheinen folgende Hinweisbildschirme:

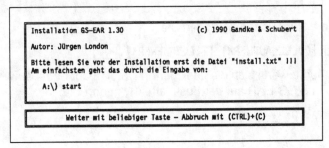

```
Installation GS-EAR 1.30                    (c) 1990 Gandke & Schubert

Autor: Jürgen London

Bitte lesen Sie vor der Installation erst die Datei "install.txt" !!!
Am einfachsten geht das durch die Eingabe von:

    A:\) start


        Weiter mit beliebiger Taste - Abbruch mit (CTRL)+(C)
```

Installationshinweis

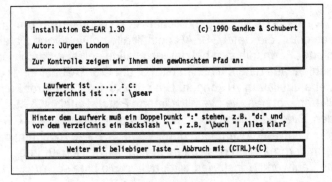

```
Installation GS-EAR 1.30                    (c) 1990 Gandke & Schubert

Autor: Jürgen London

Zur Kontrolle zeigen wir Ihnen den gewünschten Pfad an:


    Laufwerk ist ...... : c:
    Verzeichnis ist ... : \gsear

Hinter dem Laufwerk muß ein Doppelpunkt ":" stehen, z.B. "d:" und
vor dem Verzeichnis ein Backslash "\" , z.B. "\buch "! Alles klar?

        Weiter mit beliebiger Taste - Abbruch mit (CTRL)+(C)
```

Installationshinweis

Nachdem Sie die Sicherheitsabfragen durch betätigen einer beliebigen Taste übersprungen haben, wird die Installation durchgeführt. Beachten Sie, daß etwa 1 Megabyte freier Speicherplatz auf der Festplatte benötigt wird, um das lauffähige Programm aufnehmen zu können.

Wenn Sie GS-EAR in ein besonderes Unterverzeichnis bzw. auf ein anderes Festplattenlaufwerk installieren möchten, gehen Sie bitte folgendermaßen vor:

❏ Legen Sie Ihre Programmdiskette in Laufwerk A: und geben folgendes ein:

INSTALL <LAUFWERK> <VERZEICHNIS> ⏎

Für eine Installation auf dem Laufwerk D: und dem Unterverzeichnis \GS-EAR, sieht der Aufruf folgendermaßen aus:

INSTALL D: \GS-EAR ⏎

Beachten Sie dabei, daß Sie beide Angaben mit einem Leerzeichen trennen und vor dem Unterverzeichnis einen sogenannten Backslash (Tastenkombination ALT 9 2) eingeben. Um Fehler zu vermeiden, wird zur Sicherheit das Ziel für die Installation noch einmal angezeigt. Sie können an dieser Stelle die Installation noch mit STRG C abbrechen. Um GS-EAR nach erfolgreicher Installation starten zu können, müssen Sie eventuell noch die Betriebssystemdatei CONFIG.SYS ändern. Da bei der Arbeit mit GS-Auftrag eine größere Anzahl von Dateien offengehalten wird, müssen die beiden folgenden Zeilen auf jeden Fall in der Datei CONFIG.SYS vorhanden sein:

FILES = 20
BUFFERS = 20

Dabei bedeutet die Zeile FILES = 20, daß maximal 20 Dateien gleichzeitig offengehalten werden können. Die Zeile BUFFERS = 20 setzt die Anzahl der Diskettenbuffer fest. Je höher dieser Wert eingestellt ist, umso mehr Daten können gleichzeitig im Hauptspeicher gehalten werden. Vorteil einer hohen Buffer-Zahl ist eine leicht erhöhte Verarbeitungsgeschwindigkeit. Nachteil ist, daß bei einem Stromausfall zu einem Datenverlust kommen kann, da die letzten Daten noch nicht auf die Festplatte geschrieben wurden.

Bevor Sie eine Änderung der CONFIG.SYS Datei durchführen, sollten Sie sich den Inhalt der aktuellen Datei erst einmal anschauen.

TYPE C:\CONFIG.SYS ⏎

Falls schon Einträge vorhanden sind, korrigieren Sie die Werte, andernfalls fügen Sie die fehlenden Zeilen ein. Dies können Sie entweder mit einem herkömmlichen Editor oder mit dem zum Betriebssystem gehörenden Zeileneditor EDLIN.EXE durchführen. Wenn Sie mit dem Zeileneditor arbeiten möchten, geben Sie bitte folgendes ein:

EDLIN C:\CONFIG.SYS ⏎

Danach meldet sich der Zeileneditor mit der Meldung:

ENDE DER EINGABEDATEI

Um die entsprechenden Zeilen zu ändern, löschen Sie die betreffenden Einträge und geben Sie einfach neu ein. Hierfür lassen Sie sich den gesamten Inhalt der Datei anzeigen:

L ⏎

Danach erscheint in etwa folgende Meldung:

```
1: * FILES = 10
2:   BUFFERS = 10
3:   DEVICE = \MSDOS\ANSI:SYS
4:   DRIVPARM = /D:0/F:0/S:9/t:40
5:   COUNTRY = 049
```

Nun Löschen Sie die Zeilen in der die beiden Eintragungen stehen (im Beispiel Zeile 1 und 2):

1,2 L ⏎

Um nun die beiden Zeilen neu einzufügen, geben Sie bitte daraufhin folgendes ein:

```
#I ⏎
FILES = 20 ⏎
#I ⏎
BUFFERS = 20 ⏎
```

Danach beenden Sie die Eingabe durch die Tastenkombination STRG Z. Um nun den Zeileneditor zu verlassen und die Änderung zu speichern, geben Sie bitte noch folgendes ein:

E ⏎

Wenn Sie mit einem Texteditor arbeiten wollen, laden Sie die CONFIG.SYS Datei in Ihren verwendeten Texteditor und ändern bzw. ergänzen die Datei.

1.7 Interaktives Hilfssystem von GS-EAR

Damit Sie nicht immer diese Handbuch zur Hand haben müssen, ist bei GS-EAR ein vorbildliches Hilfssystem integriert. An jeder Stelle des Programms können Sie mit [F1] einen kontextbezogenen Hilfstext aktivieren. Das heißt, der eingeblendete Text bezieht sich inhaltlich auf Ihre aktuelle Position innerhalb des Programms.

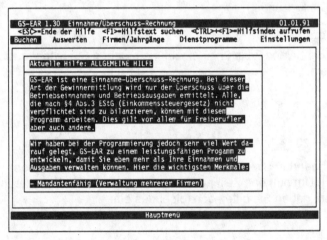

Hilfe

Falls Ihnen dieser Hilfstext nicht ausführlich genug erscheint, können Sie an vielen Stellen über [F1] einen zusätzlichen Hilfstext einblenden. Dies ist dann möglich, wenn sich in der aktuellen Zeile des Hilfstext ein groß geschriebenes Wort in geschweiften Klammern, z.B. {BUCHEN}, befindet. Das heißt, nur wenn sich der Cursor in einer entsprechenden Zeile befindet, aktiviert [F1] einen kontextbezogenen Hilfstext.

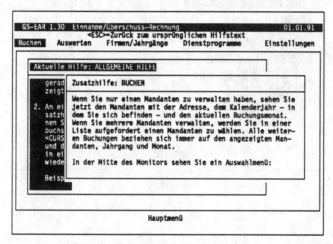

Zusatzhilfe

Ein zweiter Weg Hilfstexte zu aktivieren, ist die Indexhilfe. Wenn Sie [STRG] [F1] betätigen, öffnet sich ein Fenster mit Stichworten. Wählen Sie hier mit den Pfeiltasten ([↓] bzw. [↑]) das gewünschte Stichwort aus, und aktivieren Sie den dazugehörigen Hilfstext mit [F1].

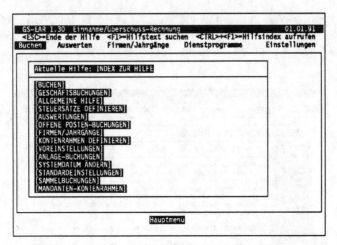

Indexhilfe

1.8 Das Hauptmenü von GS-EAR

Nach dem Sie erfolgreich die Installation und die Änderungen der CON-FIG.SYS Datei durchgeführt haben, können Sie GS-EAR mit

GSEAR ⏎

aus dem Hauptverzeichnis starten. Falls Sie GS-EAR auf einem Computer mit Farbgrafikkarte und Monochrommonitor einsetzen (z.B. auf einem Laptop), sollten Sie für eine bessere Bildschirmdarstellung GS-EAR mit dem Parameter SW starten. Das heißt Sie starten das Programm mit

GSEAR SW [↵]

Bevor nun das Hauptmenü von GS-EAR auf dem Bildschirm erscheint,
werden Sie beim Ersten Programmstart nochmals auf die notwendige
Änderung der CONFIG.SYS Datei hingewiesen. Ein weiterer Bildschirm
macht Sie darauf aufmerksam, daß Gandke & Schubert keinerlei Haf-
tung für Datenverluste übernimmt und weist in diesem Zusammenhang
auf die notwendige, regelmäßige Datensicherung hin. Wenn Sie diese
Vereinbarung anerkennen, bestätigen Sie diese mit [J].

```
ACHTUNG!  Wichtiger Hinweis:

Sie sind verpflichtet, REGELMÄSSIG  eine Sicherung Ihrer Daten-
dateien (*.DBF und *.DBT) vorzunehmen !!! Wir machen Sie darauf
aufmerksam, daß wir  KEINE Haftung für eventuelle Datenverluste
übernehmen!

Sie erkennen diese Vereinbarung an und wollen das Programm
trotzdem installieren? <J> - Abbruch mit beliebiger Taste
```

Hinweis auf Haftungsausschluß

Bevor Sie nun endgültig ins Programm gelangen, werden vorher noch
automatisch die notwendigen Suchdateien generiert.

Nachdem Sie die Information über die Hilfestellungen bei GS-EAR mit
[J] verlassen haben, empfängt Sie das Programm mit dem Hauptmenü
von GS-EAR:

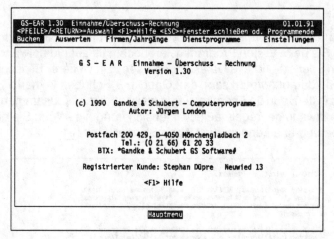

```
GS-EAR 1.30  Einnahme/Überschuss-Rechnung                    01.01.91
<PFEILE>/<RETURN>=Auswahl <F1>=Hilfe <ESC>=Fenster schließen od. Programmende
Buchen    Auswerten   Firmen/Jahrgänge   Dienstprogramme    Einstellungen


              G S - E A R   Einnahme - Überschuss - Rechnung
                            Version 1.30


              (c) 1990  Gandke & Schubert - Computerprogramme
                            Autor: Jürgen London


              Postfach 200 429, D-4050 Mönchengladbach 2
                        Tel.: (0 21 66) 61 20 33
                 BTX: *Gandke & Schubert GS Software#

              Registrierter Kunde: Stephan Düpre   Neuwied 13

                            <F1> Hilfe



                              Hauptmenu
```

Hauptmenü GS-EAR

Die einzelnen Optionen des Hauptmenüs aktivieren Sie bei GS-EAR entweder über die hervorgehobenen Anfangsbuchstaben der jeweiligen Option, z.B. die Option *Dienstprogramme* mit D, oder Sie bewegen mit den Pfeiltasten (↑ bzw. ↓) den Leuchtbalken auf die gewünschte Option und drücken dann die ⏎-Taste. Dieses Prinzip gilt für das gesamte Programm.

Bei Listendarstellungen bewegen Sie sich ebenfalls mit den Pfeiltasten (↑ bzw. ↓). Um jedoch schneller zu einem gewünschten Bereich zu kommen, können Sie die Tasten Bild ↑ bzw. Bild ↓ verwenden um den Bildschirm eine Seite nach oben bzw. unten zu scrollen sowie Strg Bild ↑ bzw. Strg Bild ↓ um an den Anfang bzw. das Ende einer Liste zu gelangen. Auch diese Konvention gilt für sämtliche Listendarstellungen von GS-EAR.

Eine weitere wichtige Tastenkombination ist [ALT] [S]. Wenn Sie diese Kombination betätigen, könne Sie das oben rechts eingeblendete Systemdatum ändern. Diese Option sollten Sie immer dann verwenden, wenn Sie nachträglich Buchungen vornehmen möchten oder Buchungen vordatieren möchten.

Um GS-EAR wieder verlassen zu können, betätigen Sie aus dem Hauptmenü heraus die [ESC]-Taste und bestätigen den anschließenden Hinweis mit [J] bzw. [←]. Diese Wahlfreiheit zwischen [J] und [←] besteht im gesamten Programm. Das heißt, wenn Sie aufgefordert werden einen Vorgang mit [J] zu bestätigen, können Sie ersatzweise die [←]-Taste betätigen. Gleiches gilt für die Verneinung eines Vorgangs mit der [N]-Taste. Anstelle dieser Taste können Sie entsprechende Aufforderungen mit [ESC] quittieren.

Kapitel 2

Einstellungen

Im Untermenü *Einstellungen* befindet sich eine Option zur Bearbeitung bzw. zum Anlegen von allgemein gültigen Kontenrahmen die Sie später den einzelnen Mandanten zuordnen können. Außerdem werden über dieses Untermenü die benötigten Steuersätze definiert.

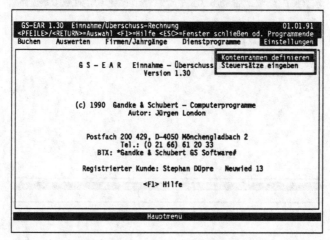

```
GS-EAR 1.30  Einnahme/Überschuss-Rechnung                         01.01.91
<PFEILE>/<RETURN>=Auswahl <F1>=Hilfe <ESC>=Fenster schließen od. Programmende
 Buchen    Auswerten    Firmen/Jahrgänge    Dienstprogramme   Einstellungen
                                                    Kontenrahmen definieren
            G S - E A R   Einnahme - Überschuss  Steuersätze eingeben
                          Version 1.30


            (c) 1990  Gandke & Schubert - Computerprogramme
                         Autor: Jürgen London


               Postfach 200 429, D-4050 Mönchengladbach 2
                         Tel.: (0 21 66) 61 20 33
                BTX: *Gandke & Schubert GS Software#

            Registrierter Kunde: Stephan Düpre   Neuwied 13

                            <F1> Hilfe



                              Hauptmenü
```

Optionen des Menüs Einstellungen

2.1   Kontenrahmen definieren

Nach Aktivierung der Option *Kontenrahmen definieren*, erscheint eine Liste aller vorhandener Kontenrahmen. Im Lieferumfang von GS-EAR befinden sich zwei verschiedene Kontenrahmen. DATEV–03 ist an den DA-

TEV-Kontenrahmen SKR 03 angelehnt. Basis für den zweiten vordefinierten Kontenrahmen, STANDARD, ist der Industriekontenrahmen IKR.

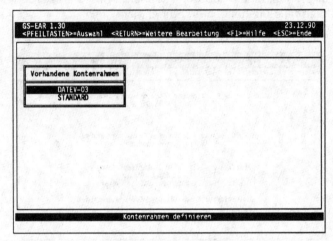

Auswahlfenster Kontenrahmen

Über die Pfeiltasten (⬆ bzw. ⬇) wählen Sie den gewünschten Kontenrahmen aus und bestätigen Ihre Wahl mit ⏎. Die einzelnen Optionen des erscheinenden Auswahlmenüs beziehen sich dann alle auf den gewählten Kontenrahmen. Zur Sicherheit wird der aktive Kontenrahmen über dem Auswahlmenü angezeigt. In der nachfolgenden Darstellung, beziehen sich die Optionen auf den Kontenrahmen DATEV-03.

Menü zur Bearbeitung von Kontenrahmen

2.1.1 Aktiven Kontenrahmen bearbeiten

Die erste Option des Menüs, *Aktiven Kontenrahmen bearbeiten*, dient dazu, einen vordefinierten Kontenrahmen Ihren Wünschen anzupassen. Hierzu erscheint eine nach Kontonummern geordnete Liste aller im Kontenrahmen vorhandenen Konten, die über die Pfeiltasten ($\boxed{\uparrow}$ bzw. $\boxed{\downarrow}$) nach oben bzw. nach unten gescrollt werden kann.

Neben der maximal sechsstelligen numerischen Kontonummer sowie der Kontenbezeichnung wird angegeben, um welche Kontenart es sich handelt und ob das jeweilige Konto negative Salden enthalten darf oder nicht. Der Kassenbestand kann beispielsweise niemals negativ sein und beim Konto **Kasse** muß der Schalter dementsprechend auf **N** stehen. Die Abkürzungen der Kontenarten haben dabei folgende Bedeutung:

E Einnahmekonto (z.B. Honorare)
A Ausgabekonto (z.B. Mietzahlungen)
G Geldkonto (z.B. Postscheckkonto)
V Anlagekonto (z.B. Geschäftsausstattung)

Nachfolgend eine Kontenliste aus dem Kontenrahmen DATEV-03:

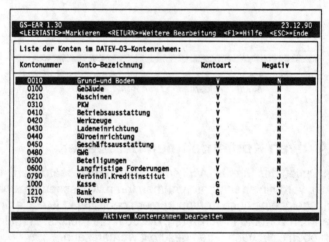

Kontenliste

Nun stehen verschiedene Wege offen, wie Sie ein ausgewähltes Konto bearbeiten können. Hierfür bewegen Sie den Leuchtbalken über die

Pfeiltasten ($\uparrow$ bzw. $\downarrow$) auf das gewünschte Konto. Wenn Sie die Wahl eines Kontos mit $\leftarrow$ bestätigen, erscheint ein weiteres Auswahlmenü. Verlassen können Sie dieses Menü wie immer mit $\boxed{\text{ESC}}$.

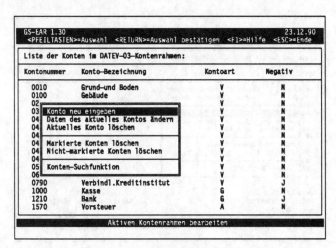

Konten bearbeiten

Konto neu eingeben
Für die Erfassung eines neuen Kontos erwartete GS-EAR zwingend die vier Angaben, die Ihnen bereits aus der Kontenliste bekannt sind: Kontonummer, Bezeichnung, Kontenart und die Zulassung von negativen Salden. Haben Sie alle Eingaben in der Eingabemaske vorgenommen, verlassen Sie die Eingabemaske mit $\boxed{\text{ESC}}$. Anschließend fragt Sie GS-EAR

ob Ihre Eingaben korrekt sind und das Konto gespeichert werden soll. Falls eine von Ihnen eingegebene Kontonummer bereits existiert, macht Sie GS-EAR darauf aufmerksam.

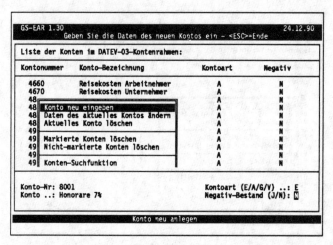

Konto erfassen

Wenn Sie ein Konto neu anlegen, sollten Sie auf die Einhaltung einer logischen Struktur der Nummernkreise achten. Dies ist zwar bei GS-EAR nicht zwingend notwendig, aber es erleichtert Ihnen später die Buchungsarbeiten enorm. Eine mögliche Nummernstruktur ist:

0-Konten	Konten des Anlagevermögens
1-Konten	Geld- bzw. Finanzkonten
4-Konten	allgemeine Kostenkonten
7-Konten	auftragsgebundene Kostenkonten
8-Konten	Erlöskonten

Sie können selbstverständliche auch jede andere Nummernstruktur verwenden.

Daten des aktuellen Kontos ändern
Nach dem gleichen Prinzip wie Sie ein Konto neu anlegen, können Sie auch Daten eines bereits existierenden Kontos ändern. Sie müssen dafür lediglich mit dem Leuchtbalken das gewünschte Konto anwählen, die ⏎-Taste betätigen und aus dem Menü die Option *Daten des aktuellen Kontos ändern* wählen. Dann überschreiben Sie in der gewünschten Form die vier Datenfelder.

Aktuelles Konto löschen
Beim Löschen eines Kontos sind zwei Dinge zu beachten: Einmal können die Konten Vorsteuer, Umsatzsteuer und Abschreibungen aus verständlichen Gründen nicht gelöscht werden, zum Anderen kann ein Konto nur dann gelöscht werden, wenn der Saldo 0,00 ist. Wenn Sie ein Konto zum Löschen ausgewählt haben, werden Sie sicherheitshalber von GS-EAR gefragt, ob Sie sich Ihrer Sache sicher sind. Wenn ja, bestätigen Sie mit J.

Mehrere Konten löschen

Falls Sie mehrere Konten auf einmal löschen möchten, stehen Ihnen zwei Optionen zur Verfügung. Bei der Option *Markierte Konten löschen* markieren Sie mit der [Leertaste] alle Konten, die Sie löschen möchten. Die Option *Nicht-markierte Konten löschen* hingegen erhält alle markierten Konten und löscht alle die nicht markiert sind. Welche der beiden Wege Sie in Anspruch nehmen, hängt von der Quantität der zu löschenden Konten ab.

In beiden Fällen wird jedoch das markierte Konto mit ▶ in der Kontenliste gekennzeichnet. Nachdem Sie alle gewünschten Konten markiert haben, betätigen Sie [↵] und wählen dann die gewünschte Option aus. Auch bei der Sammellöschung findet eine Sicherheitsfrage statt.

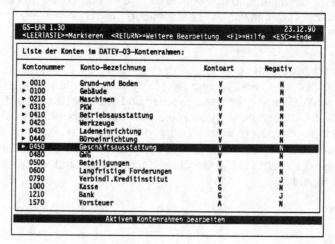

Markieren von Konten

Konten-Suchfunktion

In umfangreichen Kontenrahmen ist die Suche eines bestimmten Kontos über die Pfeiltasten (⬆ bzw. ⬇) recht mühsam. Die Option *Konten-Suchfunktion* erleichtert Ihnen die Suche, indem Sie die Kontonummer des gesuchten Kontos angeben und diese mit ⏎ bestätigen. Falls ein Konto mit der angegeben Kontonummer existiert, springt der Leuchtbalken zum gewünschten Konto.

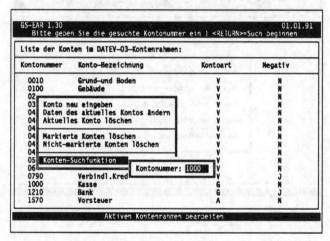

```
GS-EAR 1.30                                              01.01.91
   Bitte geben Sie die gesuchte Kontonummer ein ! <RETURN>=Such beginnen

  Liste der Konten im DATEV-03-Kontenrahmen:

  Kontonummer     Konto-Bezeichnung            Kontoart      Negativ

     0010         Grund-und Boden                 V             N
     0100         Gebäude                         V             N
     02┌─────────────────────────────────────────┐V             N
     03│ Konto neu eingeben                       │V             N
     04│ Daten des aktuelles Kontos ändern        │V             N
     04│ Aktuelles Konto löschen                  │V             N
     04│                                          │V             N
     04│ Markierte Konten löschen                 │V             N
     04│ Nicht-markierte Konten löschen           │V             N
     04│                                          │V             N
     05│ Konten-Suchfunktion     ┌──────────────────┐V          N
     06└─────────────────────────│ Kontonummer: 1000│V          N
     0790         Verbindl.Kred   └──────────────────┘V          J
     1000         Kasse                           G             N
     1210         Bank                            G             J
     1570         Vorsteuer                       A             N

                  Aktiven Kontenrahmen bearbeiten
```

Konten-Suchfunktion

2.1.2 Statistik des aktiven Kontenrahmen

Die Option *Statistik des aktiven Kontenrahmen* hat rein informellen Charakter, und gibt Ihnen Aufschluß über die quantitative Verteilung der Geld-Konten, Ein- bzw. Ausgabekonten sowie der Anlagekonten im aktiven Kontenrahmen.

Statistik des Kontenrahmens DATEV-03

2.1.3 Inhalt des Kontenrahmen kopieren

Wenn Sie einen neuen Kontenrahmen anlegen oder einen der beiden mitgelieferten Kontenrahmen bearbeiten möchten, ist es sinnvoll, den Inhalt eines bestehenden Kontenrahmens in einen neuen zu kopieren. Für diesen Zweck wählen Sie die Option *Inhalt des Kontenrahmen kopieren*. Nur bei diesem Vorgehen, bleiben die mitgelieferten Kontenrahmen im Originalzustand erhalten.

Bei dem Kopiervorgang werden alle Konten des aktuellen Kontenrahmens in einen neuen kopiert. Sie müssen dem neuen Kontenrahmen lediglich einen neuen Namen geben und diesen mit ⏎ bestätigen. Im Anschluß an den internen Kopiervorgang erscheint der neue Kontenrahmen in der Auswahlliste.

2.1.4 Kontenrahmen neu anlegen

Im Gegensatz zur vorherigen Option, wird bei *Kontenrahmen neu anlegen* ein neuer Kontenrahmen erzeugt. Hierfür geben Sie den Namen des neuen Kontenrahmens ein. Die ersten sechs, der maximal acht Zeichen des Namens, müssen sich von anderen Kontenrahmen unterscheiden. Wenn die Eingabe korrekt ist, legt GS-EAR den neuen Kontenrahmen an.

Mit Ausnahme der Sammelkonten Vorsteuer, Umsatzsteuer und Abschreibungen ist der neue Kontenrahmen leer. Es versteht sich daher von selbst, daß Sie diesen neuen Kontenrahmen noch bearbeiten müssen, da alleine die drei Sammelkonten für das Arbeiten mit diesem Rahmen nicht ausreichen. Außerdem übernimmt GS-EAR leere Kontenrahmen nicht in ein Mandantenverzeichnis. Die benötigten neuen Konten legen Sie dann der Reihe nach in der beschriebene Art und Weise über die Option *Konto neu eingeben* an.

2.1.5 Gesamten Kontenrahmen löschen

Mit dieser Option wird der aktive Kontenrahmen vollständig gelöscht.
Eine Sicherheitsabfrage verhindert auch bei dieser Option ein versehent-
liches Löschen. Es empfiehlt sich, die beiden Originalkontenrahmen
DATEV–03 und STANDARD nicht zu löschen.

2.2 Steuersätze eingeben

Die Option Steuersätze eingeben versetzt Sie in die Lage bis zu 19 verschiedenen Steuersätze zu definieren sowie Steuersatzänderungen über
eine Stichtag zu erfassen. Insgesamt verfügt GS-EAR über maximal 22
Steuersätze.

Nachdem Sie die Option aktiviert haben, erscheint die Liste der Steuersätze. Auf dem Bildschirm werden die ersten 14 Steuersätze angezeigt.
Wenn Sie den Auswahlbalken mit der [↓]-Taste nach unten bewegen,
scrollt der Bildschirm, so daß der Reihe nach auch die restlichen 8 Steuersätze zu sehen sind.

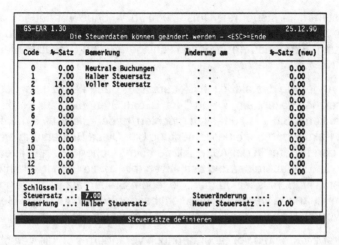

Steuersätze ändern

Wenn Sie nun einen der bereits definierten Steuersätze ändern möchten oder einen neuen hinzufügen möchten, wählen Sie mit dem Leuchtbalken die gewünschte Schlüsselnummer über die Pfeiltasten ($\boxed{\uparrow}$ bzw. $\boxed{\downarrow}$) an und betätigen mit $\boxed{\leftarrow}$. In dem dann erscheinenden Auswahlmenü haben Sie die Wahl zwischen der Änderung des aktuellen Steuersatzes ($\boxed{A}$) oder die Erfassung des Datums einer Steuersatzänderung ($\boxed{S}$). Ausnahme bilden die drei Steuersätze mit dem Steuersatz 0,00% und den Schlüsselnummern 0, 21 und 22. Diese Steuersätze können nicht verändert werden.

Der Steuerschlüssel 0 dient neutralen Buchungen ohne Steuer, wie Geldbuchungen. Buchungen mit diesem Steuersatz werden daher bei der Umsatzsteuervoranmeldung nicht berücksichtigt. Die Schlüssel 21 und 22 stehen für steuerfreie Umsätze mit bzw. ohne Vorsteuerabzug. Sie betreffen die Zeilen 1 und 2 des Formulars für die Umsatzsteuervoranmeldung. Für genauere Angaben schlagen Sie im Umsatzsteuergesetz §4 Nr. 1 bis 6 nach.

Bei der Änderung des aktuellen Steuersatzes geben Sie zuerst den Steuersatz in Prozent ein. Wenn Sie z.B. den Steuersatz für Produkte einer Bäckerei, 5.0 v.H., erfassen möchten, geben Sie 5.00 ein. Im zweiten Feld geben Sie eine Bemerkung ein. Diese Bemerkung erscheint dann später in der Auswahlliste beim Buchen. Mit ESC verlassen Sie die Eingabefelder und bestätigen mit J die Richtigkeit Ihrer Eingaben. Die Schlüsselnummer, die jedem Steuersatz vorangestellt ist und nicht geändert werden kann, dient bei der Verbuchung von Geschäftsvorfällen dazu, den jeweiligen Steuersatz zu übernehmen.

Es kommt zwar selten vor, aber dennoch verändern sich die verschiedenen Steuersätze. Diese mit einem bestimmten Stichtag verbundenen Steuersatzänderung, können Sie GS-EAR über die Option *Steueränderungen eintragen* vornehmen. Hierfür geben Sie zuerst den Stichtag (Tag, Monat und Jahr) ein und im nächsten Feld den neuen Steuersatz der ab dem vorher eingegebenen Datum gültig ist. Wiederum verlassen Sie die Eingabe mit ESC und bestätigen mit J.

Vorteil dieses Vorgehens: GS-EAR rechnet ab dem eingegebenen Datum mit dem neuen Steuersatz und verwendet bei Nachbuchungen vor diesem Termin mit dem alten Satz.

Kapitel 3

Dienstprogramme

Im Untermenü *Dienstprogramme* finden Sie eine Reihe von allgemeinen Optionen und Einstellungen. Neben der Option zur Datenreorganisation, können Sie einige Standardparameter, wie die Passwortvergabe, festlegen, Ihren Drucker anpassen sowie die Schnittstelle zu GS-AUFTRAG aktivieren.

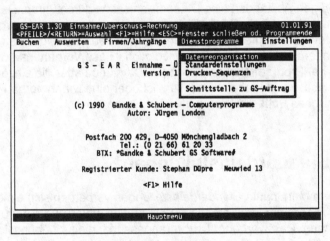

Untermenü Dienstprogramme

3.1 Datenreorganisation

Die Option *Datenreorganisation* baut sämtliche Suchdateien, die GS-EAR für schnelles Suchen benötigt, neu auf. Es gibt zwei Fälle, in denen

Sie diese Option verwenden sollten. Nach einem Systemabsturz, z.B. durch einen Stromausfall, empfiehlt sich eine Reorganisation der Dateien durchzuführen, damit die einwandfreie Funktion des Programms gewährleistet ist.

Auch wenn es zu keinem Systemabsturz gekommen ist, sollten Sie in regelmäßigen Abständen eine Datenorganisation durchführen. Der Grund ist recht einfach: GS-EAR entfernt gelöschte Buchungsvorgänge, Mandanten oder Kontenrahmen nicht physisch aus den einzelnen Dateien sondern markiert diese Daten lediglich. Diese Vorgehensweise basiert auf der Programmierung in Clipper. Damit nun aber die einzelnen Dateien nicht ins uferlose anwachsen, ist über eine Datenreorganisation ein physisches Entfernen der markierten Daten möglich.

3.2 Standardeinstellungen

Hinter dem Menüpunkt *Standardeinstellungen* verbergen sich einige wichtige Programmparameter bzw. Schalterstellungen, wie Währungsbezeichnung, Passwort oder Druckeranpassung, die für reibungsloses Arbeiten mit GS-EAR notwendig sind. Vorgenommene Änderungen müssen Sie in der Eingabemaske mit [↵] und nach dem Verlassen der Eingabemaske über [ESC] mit [J] bestätigen.

Die einzelnen Eingabezeilen der drei Eingabebereiche haben im einzelnen folgende Bedeutung:

Allgemeine Einstellungen
Brutto—Buchen (J/N)
Bestimmt die Buchungsart bei GS-EAR. Wenn Sie den Schalter auf J
stellen, werden Bruttobuchungen vorgenommen. Das heißt, GS-EAR
behandelt die bei Buchungsvorgängen eingegebenen Beträge als Brut-
tobeträge und rechnet die entfallende Steuer heraus. Bei einer Schalterstellung N (Nettobuchung) wird die Steuer zu den eingegebenen Beträ-
gen hinzugerechnet. Diese Vorgabe können Sie jedoch innerhalb der
Buchungsmasken jederzeit wieder ändern.

Steuerberechnung anzeigen (J/N)
Dieser Schalter entscheidet darüber, ob nach einer Buchung die Steuerberechnung in einem separaten Fenster angezeigt werden soll (J) oder
nicht (N). Dies ist deshalb sinnvoll, da Sie nur bei der Anzeige der Steuerberechnung über ⎡F3⎤ den Steuerbetrag den GS-EAR berechnet, manuell ändern können.

Komma als Dezimaltrennzeichen (J/N)
Je nach verwendeter Tastatur geben Sie hier an, welches Zeichen,
Komma oder Punkt, Sie als Trennungszeichen für Zahleneingaben wün-
schen. Die meisten Nummernblöcke auf Tastaturen verwenden ein
Komma als Dezimaltrennzeichen. In diesem Fall belassen Sie es bei der
Vorgabe J.

Passwort
Sensible Datenbereiche wie die Buchhaltung, sollten vor den Blicken un-
befugter geschützt werden. Für diesen Zweck können Sie ein achtstelli-
ges Passwort vergeben. Ohne Eingabe dieses Passwortes ist ein Star

ten von GS-EAR nicht möglich. Auch innerhalb des Programms werden sensible Bereiche, wie Auswertungen oder Änderung des Passwortes, geschützt. Wenn Sie kein Passwort wünschen, lassen den Eintrag frei.

Länder-Einstellungen
Währung des Landes
Dieser Parameter ermöglicht über frei definierbare Währungsabkürzung (z.B. DM, öS oder SF) den Einsatz von GS-EAR auch in der Schweiz oder Österreich. Die hier festgelegte Abkürzung wird bei allen Ausgaben auf Bildschirm oder Drucker verwendet.

Betragsgrenze für GWG
Um den Einsatz von GS-EAR auch in Österreich oder der Schweiz zu ermöglichen bzw. um GS-EAR an Änderungen der Betragsgrenze für geringwertige Wirtschaftsgüter (GWG) anzupassen, kann der Eckwert frei gewählt werden (z.B. 800,00 für Deutschland oder 5000,00 für Österreich).

Kennzeichnung für Umsatzsteuer
Bestimmt das Kürzel für die Umsatzsteuer. Dieses Kürzel wird von GS-EAR bei sämtlichen Auswertungen und Buchungen verwendet (Vorgabe: MwSt.).

Kennzeichnung für Vorsteuer
Bestimmt das Kürzel für die Vorsteuer. Dieses Kürzel wird von GS-EAR bei sämtlichen Auswertungen und Buchungen verwendet (Vorgabe: VSt.).

Drucker-Einstellungen

1. Grafiklinienzeichen für Ausdruck

Für Drucker, die nicht den IBM-Grafikzeichensatz unterstützen, kann manuell ein Zeichen eingegeben werden, das für einfache Linien verwendet werden soll. Bei nicht grafikfähigen Druckern wählen Sie ein Zeichen, das in etwa einer einfachen Linie entspricht (z.B. der Gedankenstrich –).

2. Grafiklinienzeichen für Ausdruck

Für Drucker, die nicht den IBM-Grafikzeichensatz unterstützen, kann manuell ein Zeichen eingegeben werden, das für doppelte Linien verwendet werden soll. Bei nicht grafikfähigen Druckern wählen Sie ein Zeichen das in etwa einer doppelten Linien entspricht (z.B. das Gleichheitszeichen =).

Anzahl der Zeilen je Druckseite

Dient zur Anpassung der Druckzeilen pro Seite an das verwendete Papierformat bei Auswertungen auf dem Drucker. Nicht mitgerechnet wird dabei allerdings der Briefkopf mit 7 Zeilen. Aus diesem Grund ist die Zeilenvorgabe **58**.

Druckerprüfung ausschalten (J/N)

Überprüft vor einer Druckerausgabe, ob der Drucker in Betrieb ist (**N**). Wenn Sie diese Überprüfung nicht aktivieren möchten, stellen Sie den Schalter auf **J**.

Geräteeinheit für die Druckerausgabe

Hier teilen Sie GS-EAR die Schnittstelle mit, an den Sie Ihren Drucker angeschlossen haben (z.B. LPT1, LPT2 usw.).

Briefkopf beim Ausdruck in Schönschrift (J/N)
Mit der Schalterstellung J wird der Briefkopf (Mandantennamen, Druck-
datum, Auswertungsform usw.) einer Druckerauswertung in Schönschrift
ausgedruckt. Die entsprechende Druckersequenz legen Sie über die Option *Drucker-Sequenzen* (siehe Kapitel 3.3) fest.Eine vollständig
ausgefüllte Datenmaske ist in der nachfolgenden Abbildung dargestellt:

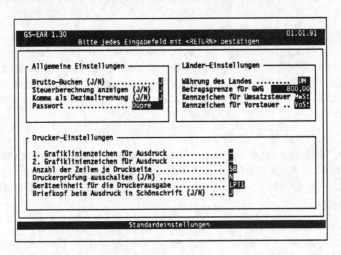

3.3 Drucker-Sequenzen

Viele Programme arbeiten mit vorgefertigten Druckertreibern, nicht so
GS-EAR. Die wenigen benötigten Druckercodes bei GS-EAR werden
direkt im Programm erfaßt und bieten so eine individuelle Anpassung an

den von Ihnen verwendeten Drucker. Insgesamt neun verschiedene Codes müssen von Ihnen eingegeben werden. Dies hört sich jedoch schwieriger an als es ist. In jedem Druckerhandbuch findet sich eine Tabelle mit den entsprechenden Steuercodes, den sogenannten Escape-Sequenzen. Diese geben Sie in den jeweiligen Feldern ein. Vorgabe in diesen Feldern sind die Sequenzen für IBM-Grafikdrucker. Im ersten Feld wird die Escape-Sequenz für die Initialisierung Ihres Druckers eingegeben. Nachfolgend jeweils die Sequenzen zum Ein- bzw. Ausschalten von Fettdruck, Schmalschrift, Schönschrift und Breitdruck. Haben Sie alle Angaben erfaßt, verlassen Sie die Eingabemaske mit [ESC] und bestätigen die Abfrage zum speichern mit [J]. Nachfolgend ist ein Eingabemaske für den HP DeskJet+ abgebildet.

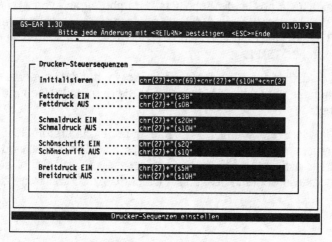

Drucker-Sequenzen HP DeskJet+

3.4 Schnittstelle zu GS-Auftrag

Mit ein Grund für die Entwicklung von GS-EAR war es, eine kompatible Überschußrechnung zum Auftragsverwaltungsprogramm GS-AUFTRAG zu schaffen. Wenn Sie also im Besitz dieses Programms sind, können Sie innerhalb der Option *Schnittstelle zu GS-Auftrag* die vorhandene Schnittstelle aktivieren.

Hierfür benötigen Sie allerdings mindestens die Version 1.51 von GS-AUFTRAG. Diese Version von GS-AUFTRAG, einschließlich Handbuch, erhalten Sie als registrierte Vollversion für 98 DM bei Ihrem Buchhändler (ISBN 3-89390-601-0 Systhema Verlag).

Als erstes aktivieren Sie die Schnittstelle durch Eingabe von J im Feld `Schnittstelle aktivieren (J/N)`. Im nächsten Arbeitsschritt teilen Sie GS-EAR mit, in welchem Verzeichnis GS-AUFTRAG installiert wurde, zum Beispiel `C:\GSAUF`.

Schließlich definierten Sie noch das Erlöskonto, auf dem eventuelle Verkaufserlöse verbucht werden sollen sowie den Startbeleg für die Übernahme.

Wenn Sie alle Eingaben mit ⏎ bestätigt haben, überprüft GS-EAR ob die Auftragsbearbeitung auch vorhanden ist. Ist dies der Fall, wird die Schnittstelle aktiviert und bleibt solange aktiv, bis Sie die Schnittstelle wieder deaktivieren. Eine ausgefüllte Datenmaske ist nachfolgend abgebildet.

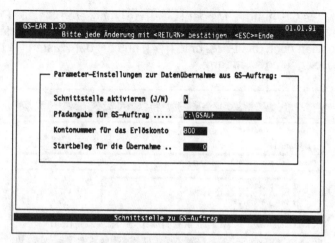

Schnittstelle zu GS-AUFTRAG

Für die reibungslose Funktion der Schnittstelle müssen Sie nun nur noch innerhalb von GS-AUFTRAG die Schnittstelle zu GS-EAR aktivieren (siehe Handbuch GS-AUFTRAG). Ab diesem Zeitpunkt ist die Offene-Posten-Buchung bei GS-AUFTRAG deaktiviert, da alle Zahlungen über GS-EAR abgewickelt werden. Aber auch Barverkäufe werden von GS-EAR in die offene Posten-Liste übernommen. Sie sollten diese Beträge jedoch sofort verbuchen, da die Zahlungen ja bereits eingegangen sind. Sie erkennen diese Buchungsvorgänge an der Belegnummer BV\.

Um nun Geschäftsvorfälle aus GS-Auftrag zu übernehmen, aktivieren Sie das offene Posten-Modul bei GS-EAR und wählen die Option *Offenen Posten eingeben*. Hier drücken Sie dann die F3-Taste. Am unteren Bildschirmrand öffnet sich dann eine Auswahlliste mit allen relevanten

Vorfällen aus GS-Auftrag. Mit der ⌈Leertaste⌉ markieren Sie alle Positionen, die Sie übernehmen möchten. Bei Bedarf können Sie für jede einzelne Position noch das Erlöskonto (⌈F4⌉) und mit den Tasten ⌈F8⌉ bzw. ⌈F9⌉ die Belegnummer ändern.

Übernahme von Geschäftsvorfällen aus GS-Auftrag

Kapitel 4

Firmen/Jahrgänge

Eine zentrale Funktion bei GS-EAR ist die Menüoption *Firmen/ Jahrgänge*. Sie beinhaltet Anlegen, Bearbeiten sowie Auswählen von Mandanten. Sinn und Zweck einer Mandantenverwaltung ist die unabhängige Aufzeichnung von Buchungsvorfällen für mehrere Personen, Firmen oder Tätigkeitsbereiche. Aber auch wenn Sie GS-EAR nur für einen Mandanten einsetzen möchten, müssen Sie diesen anlegen. Haben Sie mehrere Mandanten angelegt, wählen Sie in diesem Untermenü den zu bearbeitenden Mandanten aus.

Desweiteren legen Sie für die einzelnen Mandanten die Jahrgänge fest. Diese Anlage von Jahrgängen stellt quasi den Jahresabschluß bei GS-EAR dar. Dabei werden Kontenbestände, offene Posten oder Anlagepositionen ins neue Geschäftsjahr übertragen.

4.1 Mandanten anlegen

Um einen oder mehrere Mandanten anzulegen, wählen Sie die Option *Firmen/Jahrgänge* und anschließend *Mandant anlegen* ⏎. Wenn Sie GS-EAR zum ersten mal einsetzen, werden Sie darauf hingewiesen, daß noch kein Mandant angelegt wurde und gefragt, ob Sie einen anlegen möchten. Wenn ja, bestätigen Sie diese Abfrage mit ⒥.

```
Es sind noch keine Mandanten vorhanden - Anlegen (J/N) ?
```

Nun können Sie die erforderlichen Stammdaten für den anzulegenden Mandanten eingeben. Als erstes müssen Sie eine Mandantennummer angeben. Analog zu dieser eingegebenen Nummer legt GS-EAR später ein eigenes Unterverzeichnis für den Mandanten an. Das heißt, wenn

Sie als Mandantennummer 49 und 50 eingegeben haben, legt GS-EAR die Unterverzeichnisse `C:\GSEAR\49` und `C:\GSEAR\49` an. Bei einstelligen Mandantennummern, wird beim Anlegen des Verzeichnisses automatisch ein 0 vorangestellt.

Die Eingabe einer Mandantennummer ist also Pflicht. Gleiches gilt für den Namen des Mandanten, den Sie als nächstes festlegen. Alle weitere Angaben sind optional, das heißt, Sie müssen nicht unbedingt ausgefüllt werden. Es empfiehlt sich aber, Eintragungen vorzunehmen, da diese Angaben, wie Wohnort, bei Ausdrucken mit ausgegeben werden.

Zu den optionalen Angaben für einen Mandanten gehören Straße, Postleitzahl, Ort, Telefon und Telefax, Postfach sowie die Bankverbindung mit Bank, Bankleitzahl und Kontonummer. Eine ausgefüllte Datenmaske ist in der nächsten Abbildung dargestellt.

Innerhalb der Eingabefelder können Sie sich mit den Pfeiltasten (⬆ bzw. ⬇) oder der ⏎-Taste bewegen. Mit ESC beenden Sie Ihre Eingaben. GS-EAR fragt Sie dann, ob die Eingaben gesichert werden sollen (J) oder nicht (N). In der oberen Bildschirmhälfte erscheint dann eine Liste mit dem oder den angelegten Mandanten. Wenn Sie nun mit den Pfeiltasten (⬆ bzw. ⬇) einen Mandanten aus dieser Liste anwählen und ⏎ betätigen, erscheint ein Menü zur weiteren Bearbeitung. Die Auswahl über die Pfeiltasten erübrigt sich natürlich, wenn nur ein Mandant vorhanden ist.

4.2 Mandanten bearbeiten

Im Untermenü für die Bearbeitung eines Mandanten, finden Sie (siehe
Abbildung) zuerst einmal eine Option, um einen weiteren Mandanten,
entsprechend dem im letzten Abschnitt beschriebenen Vorgehen, anzulegen. Sie können aber auch die Grunddaten eines Mandanten, zum
Beispiel bei einem Wohnortwechsel, ändern oder einen Mandanten vollständig löschen. Hierzu müssen Sie jedoch die folgenden Ausführungen
über die Jahrgänge beachten.

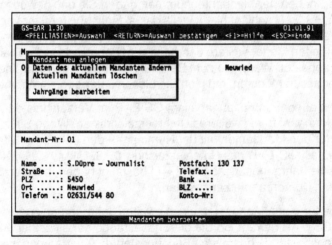

Mandanten bearbeiten

Die Grunddaten eines Mandanten alleine reichen noch nicht aus, um ihn mit GS-EAR zu bearbeiten, das heißt Buchungen vorzunehmen. Hierzu sind noch zwei weitere Angaben notwendig. Einmal muß ein Bearbeitungsjahr definiert werden und zum anderen müssen Sie einen Kontenrahmen auswählen.

Um beide Arbeitsschritte durchzuführen, wählen Sie die Option *Jahrgänge bearbeiten*. Wenn Sie für den gewählten Mandanten noch keinen Jahrgang angelegt haben, macht Sie GS-EAR darauf aufmerksam. Ihre Absicht bestätigen Sie dann mit [J]. In dem dann erscheinenden Eingabefenster, neben der Mandantennummer, geben Sie das gewünschte Jahr ein. GS-EAR schlägt hier jeweils das aktuelle Systemjahr vor. Sie sollten dabei allerdings beachten, daß Sie nur den ersten Jahrgang frei wählen können. Jeder weitere Jahrgang wird dann von GS-EAR automatisch angelegt. Wenn Sie zum Beispiel Buchungen des vergangenen Jahres erfassen möchten, müssen Sie diesen Jahrgang zuerst anlegen.

Basierend auf der Jahresangabe legt GS-EAR im Verzeichnis des gewählten Mandanten ein weiteres Unterverzeichnis an. Wenn Sie zum Beispiel für den Mandanten mit der Nummer 49 den Jahrgang 1990 anlegen, erstellt GS-EAR das Unterverzeichnis `C:\GSEAR\49\1990`. Nachdem Sie die Jahrgangsangabe mit [←] bestätigt haben, müssen Sie noch einen Kontenrahmen auswählen.

Wenn Sie für einen Mandanten einen zweiten Jahrgang anlegen, werden Sie von GS-EAR gefragt, ob Sie die Endbestände der einzelnen Konten als Anfangsbestände des neuen Buchungsjahres übernehmen möchten oder nicht. Sie sollten sich hier immer für die Übernahme entscheiden, da sonst die Daten aus dem alten Jahrgang verlorengehen.

Wenn Sie die Sicherheitsabfrage dagegen mit ⎡J⎤ quittieren, werden die Bestände der Bestandskonten, definierte Makrobuchungen, offene Posten, Restwerte der Anlagegüter sowie der Kontenrahmen übernommen. Dieses Vorgehen stellt bei GS-EAR den bereits angedeuteten Jahresabschluß dar.

Fálls Sie diese Übernahme nicht möchten, erscheint das Auswahlfenster für die Kontenrahmen. Haben Sie irrtümlich die Frage verneint, Löschen Sie diesen Jahrgang einfach wieder und wiederholen den Vorgang.

Bevor Sie einen angelegten Mandanten über die Option *Aktuellen Mandanten löschen* (⎡L⎤) löschen können, müssen Sie zuerst einmal bestehende Jahrgänge löschen. Dies führen Sie über die Option *Jahrgänge bearbeiten* aus. Hier wählen Sie mit den Pfeiltasten (⎡↑⎤ bzw. ⎡↓⎤) den zu löschenden Jahrgang aus und bestätigen mit ⎡←⏎⎤. Sind mehrere Jahrgänge angelegt, müssen alle gelöscht werden, bevor Sie den Mandanten löschen können. Ist dies geschehen, löschen Sie den Mandanten und bestätigen die Sicherheitsabfrage mit ⎡J⎤.

Nach dem gleichen Verfahren können Sie selbstverständlich die Daten eines Mandanten auch ändern. Das heißt, Sie wählen aus dem Menü die Option *Daten des aktuellen Mandanten ändern* und nehmen die Änderungen, wie Anschrift oder Bankverbindung vor, und sichern die Eingaben durch ⎡ESC⎤-⎡J⎤.

4.3   Mandanten auswählen

Da nach dem Programmstart von GS-EAR noch kein Mandant aktiv ist, müssen Sie den gewünschten Mandanten über die Option *Mandanten auswählen* aktivieren. Alle weiteren Operationen beziehen sich danach auf den gewählten Mandanten. Auch das Wechseln eines Mandanten während einer Arbeitssitzung geschieht über diese Option.

Um einen Mandanten zu aktivieren, bewegen Sie den Leuchtbalken im Auswahlfenster, in dem alle angelegten Mandanten angezeigt werden, auf den gewünschten Mandanten und bestätigen Ihre Wahl mit ⏎ .

Kapitel 5

Buchen

Hinter dem Arbeitsbereich *Buchen* verbirgt sich die Geschäfts-Buchhaltung. Das heißt, hier werden sämtliche Geschäftsvorfälle einschließlich Anlagen und offenen Posten erfaßt.

Darüberhinaus finden sich in diesem Untermenü einige Optionen die sich ausschließlich auf den aktiven Mandanten beziehen, wie Datenreorganisation, Standardeinstellungen oder Bearbeitung des Kontenrahmens.

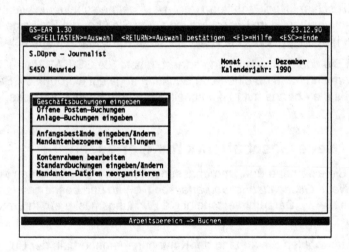

5.1 Geschäftsbuchungen eingeben

Über den Menüpunkt *Geschäftsbuchungen eingeben* ([G]) werden alle
Geschäftsvorfälle verarbeitet, die nicht die Anlagen- oder Offene-Posten-
Buchhaltung betreffen. Jedoch werden in der Listendarstellung der Ge-
schäftsvorfälle auch gebuchte Anlagen und offene Posten angezeigt.

Haben Sie diesen Menüpunkt aktiviert, erscheint die Buchungsliste auf
dem Bildschirm. Nach betätigen der [←┘]-Taste erscheint ein weiteres
Auswahlmenü auf dem Bildschirm, aus dem Sie über die Pfeiltasten ([↑]
bzw. [↓]) und [←┘] bzw. die Hotkeys, die gewünschte Aktion auswählen.

Haben Sie noch keine Buchung erfasst, macht Sie GS-EAR darauf aufmerksam und fragt, ob eine neue Buchung angelegt werden soll. Bestätigen Sie die Abfrage mit [J], erscheint sofort die Buchungsmaske.

5.1.1 Neue Geschäftsbuchung erfassen

Wenn Sie eine neue Buchung erfassen möchten, wählen Sie den Menüpunkt *Neue Geschäftsbuchung erfassen* ([G]) an und bestätigen Ihre
Wahl mit [←┘]. Daraufhin erscheint die Buchungsmaske auf Ihrem Bildschirm. Der Cusor befindet sich dabei im Feld Konto.

Als erstes wählen Sie anhand der Kontonummer innerhalb der Buchungsmaske das betreffende Konto aus. Wenn Sie sich mit der Kontonummer nicht sicher sind, ignorieren Sie das Feld mit [←┘]. Sofort öffnet
sich ein Fenster, in dem alle Konten des aktiven Kontenrahmens mit
Kontonummer, Bezeichnung und Saldo aufgelistet sind. Wählen Sie
dann mit den Pfeiltasten ([↑] bzw. [↓]) das gewünschte Konto aus und
übernehmen es mit [←┘] in das Eingabefeld für die Kontonummer. Das

gleiche funktioniert auch, wenn Sie nur die Anfangsziffer eines Konten-
bereiches eingeben und diese bestätigen. Das Auswahlfenster enthält in
diesem Fall alle Konten, deren Nummer mit der betreffenden Ziffer be-
ginnen. Ebenso können Sie über Buchstaben, wie E ⏎ für Erlöse, das
Auswahlfenster aktivieren.

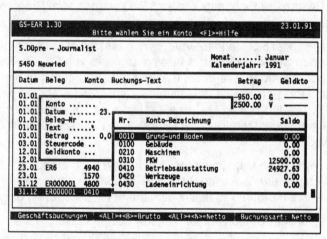

Auswahlfenster Kontenrahmen

Um in das nächste Feld zu gelangen, betätigen Sie entweder die ⏎ -
Taste oder die Pfeiltaste (⬇). Diese Tastenbelegung gilt für alle Felder
innerhalb der Buchungsmaske.

Bevor Sie das letzte Feld Geldkonto nicht mit ⏎ abgeschlossen haben, können Sie alle Eingaben noch ändern. Wählen Sie hierfür mit den
Pfeiltasten (⬆ bzw. ⬇) das gewünschte Feld an und überschreiben die

alte Eingabe. So lange Sie sich noch innerhalb der Buchungsmaske befinden, haben Sie die Möglichkeit, den Vorgang jederzeit mit [ESC] abzu-
brechen.

Im nächsten Feld wird das Datum erfaßt. Als Datum wird immer das aktuelle Systemdatum vorgeschlagen, das Sie selbstverständlich abändern
können. Unkorrekte Eingaben, wie 34.13.91 werden vom Programm an-
gemahnt.

Wie Sie in Kapitel 5.5 *Mandantenbezogene Einstellungen* noch näher
kennenlernen werden, können die Belegnummern von GS-EAR automatisch verwaltet werden. Wenn Sie diese Automatik aktiviert haben,
schlägt das Programm eine Belegnummer, entsprechend dem gewählten
Konto, vor. Mit den Tasten [F8] bzw. [F9] können Sie die vorgeschlagene Belegnummer, zum Beispiel ER000012, in Einerschritten erhöhen
bzw. erniedrigen.

Die vorgeschlagene Belegnummer kann jedoch auch manuell
überschrieben werden. Haben Sie die Belegnummernautomatik nicht
aktiviert, können Sie maximal acht alphanumerische Zeichen eingeben.

Die Richtigkeit der Belegnummer müssen Sie dann allerdings selbst
überprüfen. Ist die Belegnummer in Ordnung, springen Sie mit [↵] in
das nächste Feld. In diesem, wie auch in allen anderen Feldern der
Buchungsmaske, müssen Sie eine Eingabe vornehmen.

Im nächsten Feld geben Sie einen passenden Buchungstext, zum Beispiel Miete 4/91, ein. Dafür stehen maximal 25 Zeichen zur Verfügung.
Als nächstes wird der Betrag eingegeben.

Bei der Betragsbuchung gibt es bei GS-EAR zwei Möglichkeiten: Brutto-oder Netto-Buchen. Vorgabe ist die in den Diesntprogrammen eingestellte Buchungsart. Der Unterschied zwischen beiden Verfahren ist recht einfach.

Beim Brutto-Buchen, geben Sie den Betrag einschließlich der enthaltenen Vor- bzw. Mehrwertsteuer ein:

ein Betrag von 100,00 DM wird bei 14% Mehrwertsteuer mit 87,72 DM auf das gewählte Konto und mit 12,28 DM auf das Mehrwertsteuerkonto verbucht.

Beim Netto-Buchen hingegen wird der Betrag ohne Steueranteil angegeben:

ein Betrag von 100,00 DM wird bei 14% Mehrwertsteuer mit 100,00 DM auf das gewählte Konto und mit 14,00 DM auf das Mehrwertsteuerkonto verbucht.

Der aktuelle Buchungsstatus wird Ihnen immer am rechten unteren Bildschirmrand angezeigt. Den aktuellen Status ändern Sie mit [ALT][B] zum Brutto-Buchen und mit [ALT][N] zum Netto-Buchen.

Ist der Netto- bzw. Bruttobetrag eingegeben, muß als nächstes der Steuerschlüssel festgelegt werden. Wenn Sie sich nicht sicher sind, quittieren Sie das leere Feld mit [←]. Wie schon bei der Kontenauswahl, öffnet sich dann ein Auswahlfenster, aus dem Sie den gesuchten Steuersatz übernehmen können.

Zur Komplettierung der Buchungsangaben benötigt GS-EAR im letzten Feld noch die Angabe des betreffenden Geldkontos. Auch in diesem Feld funktioniert der Auswahlmechanismus wie bei der ersten Kontonummer und dem Steuerschlüssel.

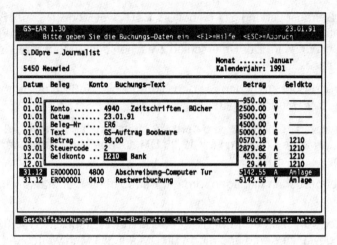

Buchungsmaske

Wenn Sie nun das letzte Feld Geldkonto mit ⏎ abschließen, wird die Buchungseingabe beendet. GS-EAR berechnet daraufhin die anfallende Steuer der Buchung und zeigt diese in einem Fenster an. Da es bei dieser Berechnung wie auch bei der ausgewiesen Steuer auf Rechnungen zu Rundungsfehlern kommen kann, besteht die Möglichkeit, den Steuerbetrag mit F3 zu ändern. Ist die ausgewiesene Steuer jedoch in Ordnung quittieren Sie mit ⏎. Nun wird der Buchungssatz übernommen und die entsprechenden Salden werden aktualisiert. Anschließend befinden Sie sich wieder im Auswahlmenü der Geschäftsbuchhaltung.

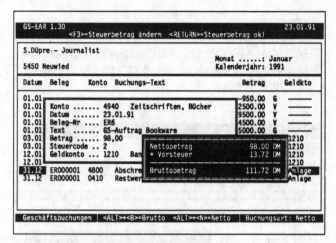

Steuerberechnung

Die Angabe des Geldkontos, neben dem Buchungskonto, ist bei GS-EAR nicht mit der Soll- und Habenbuchung bei einer Finanzbuchhaltung zu vergleichen. Die Angabe des Geldkontos dient bei GS-EAR lediglich informellen Zwecken. So wissen Sie jederzeit auf welches Geldkonto ein Betrag eingegangen ist bzw. von welchen Geldkonto eine Ausgabe beglichen wurde. Ob sich um Einnahmen, Ausgaben oder eine reine Geldbuchung handelt, erkennt GS-EAR anhand der Kontenart (E, A, G und V), die Sie bei der Kontendefinition festgelegt haben.

Beispiel: Sie kaufen Büromaterial für 120 DM und bezahlen diesen Betrag mit Geld aus der Kasse. Die Buchung lautet:

Buchungskonto: 462 Büromaterial   +120.- DM
Geldkonto: 100 Kasse   -120.- DM

Standardbuchungen

Damit Sie immer wiederkehrende Buchungen automatisieren können, verfügt GS-EAR über eine Option, Standardbuchungen anzulegen. Wie Sie diese Standardbuchungen anlegen, erfahren Sie in Kapitel 5.7 *Buchungstexte eingeben/ändern.*

Auswahlfenster Standardbuchungen

Definierte Standardbuchungen können Sie ganz einfach in die Buchungsmaske übernehmen. Im ersten Feld, **Konto**, betätigen Sie dafür die ⌈F2⌉-Taste. Auf dem Bildschirm öffnet sich dann ein Auswahlfenster, aus dem Sie den gewünschten Buchungssatz mit den Pfeiltasten (⌈↑⌉)

bzw. ⌨) anwählen und mit ⏎ übernehmen. Sie müssen dann nur noch die fehlenden Daten, meist nur Datum, Belegnummer und eventuell den Betrag, eingeben bzw. ändern.

5.1.2 Aktuelle Geschäftsbuchung ändern

Einnahme-Überschuß-Programme unterliegen nicht den strengen handels- und steuerrechtlichen Vorschriften für das Rechnungswesen. Im Gegensatz zu Finanzbuchhaltungen, bei denen Buchungen nur storniert werden dürfen, können Sie bei GS-EAR Buchungen ändern.

Wenn Sie einen Buchungssatz ändern möchten, müssen Sie diesen zuerst mit dem Leuchtbalken innerhalb der Buchungsliste markieren. Dabei müssen Sie darauf achten, daß Sie den Hauptbuchungssatz und nicht den Steuerbuchungssatz markieren. Befinden Sie sich im Auswahlmenü der Geschäftsbuchhaltung und möchten einen Buchungssatz ändern, können Sie über ⎋ESC in die Buchungsliste zurückkehren und den gewünschten Buchungssatz auswählen.

Ist der richtige Buchungssatz markiert, öffnen Sie mit ⏎ das Menüfenster und wählen die Option *Aktuelle Geschäftsbuchung ändern* (Ä). GS-EAR zeigt Ihnen daraufhin den alten Buchungssatz an. Nun können Sie mit den Pfeiltasten (⬆ bzw. ⬇) das zu ändernde Datenfeld anwählen. Wenn Sie alle Änderungen vorgenommen haben, bestätigen Sie im letzten Datenfeld das gewählte Geldkonto mit ⏎. Nun werden Sie gefragt, ob Sie den geänderten Buchungssatz übernehmen möchten. Wenn Sie diese Abfrage mit J bestätigen, erscheint wie bei der normalen Buchungsmaske die Steuerbuchung, deren Betrag Sie wiederum mit F3 abändern können.

Eine Ausnahme bilden die Buchungssätze, die aus der Anlagenverwaltung bzw. der Offenen-Posten-Verwaltung stammen. Diese Buchungssätze können Sie über die Option *Aktuelle Geschäftsbuchung ändern* nicht ändern.

5.1.3 Geschäftsbuchung löschen

Analog zu den Ausführungen im vorigen Abschnitt, können Sie bei GS-EAR Buchungssätze vollständig löschen. Zu diesem Zweck wählen Sie aus der Buchungsliste den zu löschenden Hauptbuchungssatz, nicht aber den Steuerbuchungssatz, mit dem Leuchtbalken aus. Wenn Sie Ihre Wahl mit ⏎ bestätigen, erscheint das bekannte Auswahlmenü der Geschäftsbuchhaltung. Nun wählen Sie den Menüpunkt *Geschäftsbuchung löschen* an und bestätigen mit ⏎ oder betätigen den Hotkey Ⓛ. GS-EAR zeigt daraufhin nochmals den vollständigen Buchungssatz an. Sicherheitshalber müssen Sie Ihre Löschabsicht noch mit Ⓙ bestätigen. Wenn Sie es sich anders überlegt haben, brechen Sie den Vorgang mit Ⓝ oder ⓔ𝚜𝚌 ab.

Im Anschluß an den Löschvorgang befinden Sie sich wieder im Auswahlmenü der Geschäftsbuchhaltung.

Wie auch beim Ändern von Geschäftsbuchungen, gibt es auch für das Löschen eine Ausnahme. Buchungen aus der Anlagenverwaltung können nicht gelöscht werden. Dagegen können Buchungen aus der Offenen-Posten-Verwaltung entfernt werden, dies gilt auch für Teilzahlungen.

5.1.4 Geschäftsbuchung suchen

Wenn Sie eine Vielzahl von Buchungen vorgenommen haben, kann das Suchen eines Buchungssatzes über die Pfeiltasten mehr als mühsam sein. Um aber gezielt auf einen Buchungssatz zugreifen zu können, verfügt GS-EAR über eine leistungsfähige Suchfunktion. Diese Such-funktion starten Sie über den Menüpunkt *Geschäftsbuchung suchen* (⟨S⟩).

Für das Suchen stehen Ihnen die fünf Datenfelder `Datum`, `Kontonummer`, `Belegnummer`, `Betrag` und `Buchungstext` zur Verfügung. Aus dem Aus-wahlfenster mit diesen fünf Suchkriterien wählen Sie über die Pfeiltasten (⟨↑⟩ bzw. ⟨↓⟩) das gewünschte Datenfeld aus und quittieren mit ⟨←⟩. Sofort öffnet sich ein Eingabefeld, in das Sie je nach Suchkriterium Ihre Eingabe vornehmen.•

Die Eingabe in den Suchfeldern `Datum`, `Kontonummer` und `Betrag` müssen dabei eindeutig sein. Im Gegensatz dazu reichen in den Suchfeldern `Be-legnummer` und `Buchungstext` auch Ausschnitte aus dem gesuchten Bu-chungssatz aus.

Wenn Sie beispielsweise den Buchungssatz mit dem Buchungstext `Miete April` suchen, findet GS-EAR diesen Buchungssatz auch, wenn Sie nur `iete` ⟨←⟩ eingeben.

Sind mehrere Buchungsätze mit den gleichen Suchkriterien vorhanden, springt der Leuchtbalken der Buchungsliste auf den ersten Buchungs-satz, auf den das Suchkriterium zutrifft.

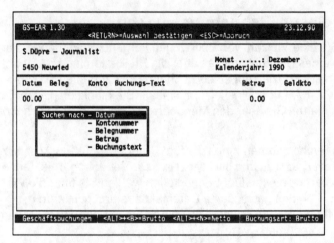

Suchen von Buchungssätzen

5.2 Offene Posten-Buchungen

Im Gegensatz zu den Buchungen in der Geschäftsbuchhaltung, die immer zu direkten Änderungen der Kontensalden führen, werden in der Offene-Posten-Verwaltung Forderungen und Verbindlichkeiten verwaltet, die erst zu einem späteren Zeitpunkt die jeweiligen Salden beeinflussen. Forderungen sind Beträge, die Sie zwar schon in Rechnung gestellt haben, die aber von Kunden, noch nicht beglichen worden sind. Im umgekehrten Fall verbergen sich hinter Verbindlichkeiten von Ihnen noch nicht beglichene Rechnungen. In Finanzbuchhaltungen wird in diesem Fall auch von Debitoren, Personen, die Ihnen etwas schulden, und Kreditoren, Personen denen Sie etwas schulden, gesprochen. GS-EAR erlaubt es Ihnen, diese Forderungen und Verbindlichkeiten unabhängig von der Geschäftsbuchung zu verwalten und im Fall einer Zahlung oder Teilzahlung in die Geschäftsbuchhaltung zu übernehmen. Wenn Sie die Option *Offene Posten-Buchungen* (O) aktiviert haben, erscheint wie bei der Geschäftsbuchhaltung eine Buchungsliste. Wenn Sie nun die ⏎-Taste drücken, erscheint folgendes Auswahlmenü:

Auswahlmenü Offene-Posten Buchhaltung

Haben Sie jedoch noch keine Buchung vorgenommen, werden Sie gefragt, ob Sie eine Offene-Posten Buchung erfassen möchten. Beantworten Sie die Abfrage mit J, öffnet sich die Buchungsmaske für Offene-Posten (siehe nächstes Kapitel).

5.2.1 Offene Posten eingeben

Für die Erfassung eines offenen Postens werden die gleichen Informationen benötigt, wie bei einer normalen Geschäftsbuchung (siehe Kapitel 5.1.1 *Neue Geschäftsbuchung erfassen*), das heißt Buchungskonto, Datum, Belegnummer, Buchungstext, Betrag und Steuerschlüssel. Einzige Ausnahme ist das Geldkonto. Logischerweise wird dies erst angegeben, wenn ein offener Posten beglichen wird, da erst in diesem Moment das Geldkonto bekannt ist. Auch bei den offenen Posten, haben Sie wie bei normalen Buchungen die Möglichkeit, mit F2 aus dem Feld Konto heraus definierte Standardbuchungen einzulesen. Analog zur Geschäftsbuchhaltung, können Sie die Funktionstasten F8 bzw. F9 für eine Änderung der Belegnummer verwenden sowie mit ALT B bzw. ALT N zwischen Brutto- und Netto-Buchung wechseln.

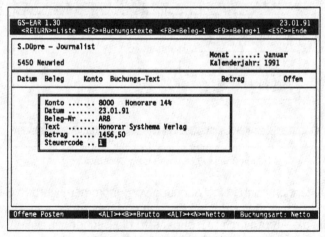

Buchungsmaske Offene-Posten

Übernahme offener Posten aus GS-AUFTRAG

Wenn Sie die Schnittstelle zu GS-AUFTRAG aktiviert haben (siehe Kapitel 3.4 *Schnittstelle zu GS-Auftrag*), können Sie offene Posten aus der Fakturierung übernehmen. Hierfür drücken Sie im Feld Konto die [F3]-Taste. Am unteren Bildschirmrand öffnet sich dann ein Fenster, in dem vorhandene offene Posten aus GS-AUFTRAG aufgelistet werden. Zusätzlich sind das Erlöskonto sowie Belegnummern angegeben. Das Erlöskonto wird bei Bedarf mit [F4] geändert. Die Belegnummer können Sie mit [F8] bzw. [F9] um eins erhöhen bzw. erniedrigen. Wenn Sie nicht alle offenen Posten der Liste übernehmen möchten, markieren Sie die gewünschten Positionen mit [Leertaste]. Nachdem Sie dann [←] betätigt haben, öffnet sich ein weiteres Fenster, das zur Auswahl stellt, alle ([A]) oder nur die markierten ([M]) Positionen zu übernehmen.

Übernahme von Geschäftsvorfällen aus GS-Auftrag

5.2.2 OP-Text od. OP-Beleg ändern

Gerade bei offenen Posten kann es vorkommen, daß sich im nachhinein Buchungstext oder Belegnummer ändern. Aus diesem Grund können Sie über die Option *OP-Text od. OP-Beleg ändern*, diese beiden Datenfelder ändern. Zuvor muß mit dem Leuchtbalken die gewünschte Position angewählt werden. Anschließend wird mit ⏎ das Menü aktiviert und dann die Option gewählt.

In gewohnter Weise nehmen Sie Ihre Eintragungen in den beiden Feldern vor und bestätigen abschließend die Übernahme der neuen Feldinhalte mit J .

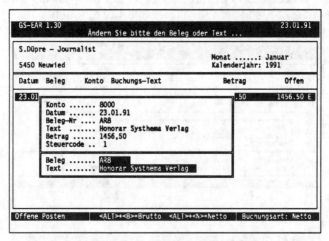

Ändern von Buchungstext und Belegnummer

5.2.3 Offene Posten löschen

Es soll immer wieder vorkommen, daß ein Kunde eine Rechnung nicht vollständig begleicht, da er sich ungerechtfertigt Skonto einbehält. Da Sie diesen Differenzbetrag auch nicht anmahnen möchten, müssen Sie den Restbetrag des offenen Postens löschen.

Hierfür markieren Sie mit den Leuchtbalken den infrage kommenden offenen Posten, drücken ⏎ und wählen die Option *Offene Posten löschen* (L). GS-EAR macht Sie daraufhin aufmerksam, daß der offene Posten noch nicht vollständig beglichen ist. Möchten Sie die Position trotzdem löschen, bestätigen Sie Ihre Absicht mit J. Wenn Sie es sich anders überlegt haben, brechen Sie den Vorgang mit N oder ESC ab.

5.2.4 Teilzahlung eintragen

Oft kommt es vor, daß Aussenstände "häppchenweise" bezahlt werden. Damit Sie auch Teilzahlungen verbuchen können, ist die Option *Teilzahlung eintragen* vorhanden.

Wie gehabt markieren Sie innerhalb der Liste mit dem Leuchtbalken den gewünschten offenen Posten. Mit ⏎ öffnen Sie das Menü und wählen dann die Option *Teilzahlung eintragen* (T).

Am Bildschirm erscheinen dann zwei Fenster. Im oberen Fenster wird der komplette Buchungssatz angezeigt. Im Fenster darunter wird der aktuelle Restbetrag angezeigt. Das erste Datenfeld, das Sie bearbeiten können, ist das Datum; Vorgabe ist das aktuelle Systemdatum. Im nächsten Feld, Teilbetrag, geben Sie den Teilzahlungsbetrag ein. Als Vorgabe erscheint hier der gesamte Restbetrag. Schließlich müssen Sie im letzten Feld noch das entsprechende Geldkonto angeben.

Wenn Sie das letzte Feld mit ⏎ quittiert haben, erscheint wie bei der normalen Buchung das Fenster mit der Steuerberechnung. Auch hier können Sie wiederum mit F3 den Steuerbetrag ändern oder ihn mit ⏎ übernehmen.

GS-EAR übernimmt dann die Teilzahlung in die Geschäftsbuchhaltung sowie in der Liste der offenen Posten.

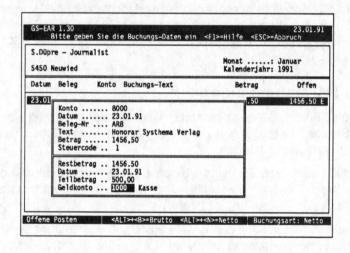

5.2.5 Teilzahlung löschen

Wie auch komplette offene Posten, so können Sie auch Teilzahlungen wieder löschen. Hierfür positionieren Sie den Leuchtbalken auf die zu löschende Teilzahlung, aktivieren das Menü ([←┘]) und wählen die Option *Teilzahlung löschen* ([Ö]).

Der Buchungssatz der Teilzahlung wird daraufhin angezeigt und kann dann mit [J] endgültig gelöscht werden. Die Buchung der Teilzahlung in der Geschäftsbuchhaltung wird daraufhin zurückgenommen sowie alle Summen und Salden korrigiert.

5.2.6 Übersicht offene Posten

Wenn sich eine Reihe von Forderungen und Verbindlichkeiten angesammelt haben, ist es nicht leicht, den Gesamtüberblick zu wahren. Eine Hilfe kann dabei die Option *Übersicht offene Posten* ([J]) sein.

Sie zeigt Ihnen auf einen Blick die Gesamtsumme der Forderungen (offene Betriebseinnahmen) und Verbindlichkeiten (offene Betriebsausgaben) sowie den Saldo der beiden Positionen.

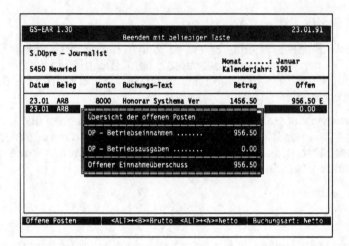

5.2.7 Suchbedingungen eingeben

Wenn Sie eine Vielzahl von offenen Posten vorgenommen haben, kann das Suchen einer Position über die Pfeiltasten mehr als mühsam sein. Um aber gezielt auf einen offenen Posten zugreifen zu können, verfügt GS-EAR wie bei der Geschäftsbuchhaltung über eine Suchfunktion. Diese Suchfunktion starten Sie über den Menüpunkt *Suchbedingungen eingeben* ([S]).

Für das Suchen stehen Ihnen die fünf Datenfelder Datum, Kontonummer, Belegnummer, Betrag und Buchungstext zur Verfügung. Aus dem Auswahlfenster mit diesen fünf Suchkriterien wählen Sie über die Pfeiltasten ([↑] bzw. [↓]) das gewünschte Datenfeld aus und quittieren mit [↵].

Auch das weitere Vorgehen entspricht exakt den Ausführungen der Suchbedingungen bei der Geschäftsbuchhaltung (siehe Kapitel 5.1.4 *Geschäftsbuchung suchen*).

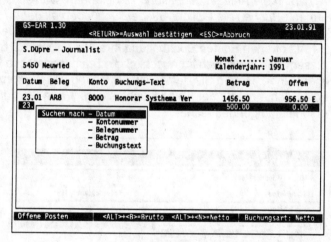

Suchfunktion offene Posten

5.3 Anlage-Buchungen eingeben

"Ohne Input kein Output"! Diese Binsenweisheit gilt für jeden Unternehmer. Das heißt, ohne Investitionen in Anlagegüter kommt kein Unternehmen aus. Egal ob es sich dabei um eine Schreibmaschine für 620 DM oder eine EDV-Anlage für 80.000 DM handelt.

Diese Investitionen unterscheiden sich von normalen Kosten, wie beispielsweise Portokosten, dadurch, daß der Aufwand auf mehrere Geschäftsjahre verteilt wird, den sogenannten Abschreibungen für Anlagegüter (AfA). Um in die Anlagebuchhaltung zu gelangen, wählen Sie aus
dem Untermenü *Buchen* die Option *Anlage-Buchungen eingeben* (A)).
Haben Sie noch keine Buchung erfasst, müssen Sie wie schon bei der
Geschäfts- und offenen Posten Buchhaltung Ihre Absicht mit J bestätigen. In diesem Fall öffnet sich im Anschluß die Buchungsmaske für
Anlagegegenstände. Haben Sie bereits eine Buchung vorgenommen,
erscheint die Buchungsliste der Anlagebuchhaltung. Wenn Sie nun (↵)
drücken erscheint folgendes Menü:

Untermenü der Anlagebuchhaltung

5.3.1 Anlagegegenstand neu eingeben

Jeder Gegenstand, den Sie sich anschaffen, muß über die Anlagebuchhaltung und nicht über die Geschäftsbuchhaltung eingegeben werden. Der Grund ist recht einfach.

Nur in diesem Fall kann von GS-EAR eine automatische Verwaltung dieser Gegenstände vorgenommen werden. Andernfalls müssen Sie selbst manuell Abschreibungsbuchungen vornehmen.

Falls Sie dennoch einmal versehentlich versuchen sollten, in der Geschäftsbuchhaltung eine Buchung auf einem Anlagekonto vorzunehmen, macht Sie GS-EAR auf diesen Fehler aufmerksam.

Wenn Sie aus dem Untermenü der Anlagebuchhaltung die Option *Anlagegegenstand neu eingeben* (J) gewählt haben, erscheint die gleiche Buchungsmaske wie bei der Geschäftsbuchhaltung.

Sie geben demnach Konto, Datum, Belegnummer, Buchungstext, Betrag, Steuercode und Geldkonto ein. GS-EAR wacht jedoch darüber, daß Sie bei der Wahl des Kontos auch ein Anlagekonto auswählen.

Wie schon bei der Geschäfts- und offenen Posten-Buchhaltung können Sie im Feld Konto mit F2 vordefinierte Buchungstexte einlesen und mit F8 bzw. F9 im Feld Beleg-Nr. die Belegnummer verändern.

Ebenso kann zwischen Brutto- (ALT B) und Netto-Verbuchung (ALT N) gewechselt werden. Näheres hierzu im Kapitel 5.1.1 *Neue Geschäftsbuchung erfassen*.

Buchungsmaske der Anlagebuchhaltung

Auch nach dem Abschluß des letzten Feldes Geldkonto mit ⏎ vollzieht sich die bekannte Prozedur. Mit F3 kann der vorgeschlagene Vor-
steuerbetrag geändert oder mit ⏎ bestätigt werden.

Im Anschluß an die Buchungseingabe wird der Buchungssatz in die Geschäftsbuchhaltung sowie die Liste der Anlagegegenstände übernommen.

```
GS-EAR 1.30                                              03.01.91
     <F3>=Steuerbetrag ändern  <RETURN>=Steuerbetrag ok!  <ESC>=Abbruch

  S.Düpre - Journalist
                                     Monat ......: Januar
  5450 Neuwied                       Kalenderjahr: 1991

  Datum  Beleg    Konto  Bezeichnung der Anlage     AN_Betrag   Geldkonto

           Konto ....... 0410  Betriebsausstattung
           Datum ....... 03.01.91
           Beleg-Nr .... ER000001
           Text ....... Computer Turbo XS486
           Betrag ...... 23450,00
           Steuercode .. 2           Bruttobetrag        23450.00 DM
           Geldkonto ... 1210   Ban  - Vorsteuer          2879.82 DM

                                     Anschaffungswert    20570.18 DM



 Anlage-Buchungen |  <ALT>+<B>=Brutto  <ALT>+<N>=Netto | Buchungsart: Brutto
```

5.3.2 Einen Anlagegegenstand löschen

Da Sie Buchungen innerhalb der Anlagebuchhaltung nicht ändern können, besteht die Möglichkeit, einen Anlagegegenstand zu löschen und
dann neu einzugeben. Sie können eine Position aber nur dann löschen,
wenn noch keine Abschreibungen verbucht worden sind. Ist dies der
Fall, macht Sie GS-EAR darauf aufmerksam. In diesem Fall müssen Sie
zuerst die Abschreibungsbuchung rückgängig machen.

Für das Löschen markieren Sie mit den Leuchtbalken den infrage kommenden Anlagegegenstand, drücken ⏎ und wählen die Option *Einen*

Anlagegegenstand löschen (L). Möchten Sie dann die Position löschen, bestätigen Sie Ihre Absicht mit J. Wenn Sie es sich anders überlegt haben, brechen Sie den Vorgang mit N oder ESC ab.

5.3.3 AfA-Anpassung an laufende EAR

Da es in vielen Fällen so ist, daß Sie GS-EAR nicht mit dem Beginn Ihrer Geschäftstätigkeit einsetzen, ist es notwendig, vorhandene und bereits teilweise abgeschrieben Anlagegegenstände zu übernehmen. Hierzu dient bei GS-EAR die Option *AfA-Anpassung an laufende EAR* (A)

Die Vorgehensweise dafür ist recht einfach. In der Buchungsmaske für diesen Fall geben Sie die benötigten Daten wie Kontonummer, Belegnummer, Betrag ein, als ob Sie den Anlagegegenstand neu erworben hätten.

Der erste Unterschied zur normalen Anlageverbuchung besteht nun darin, daß die abgeschlossene Buchung nicht in die Geschäftsbuchhaltung übernommen und damit auch keine Steuerverrechnung und Aktualisierung der Summen und Salden vorgenommen wird. Denn die angefallene Vorsteuer wurde ja bereits in einem zurückliegenden Geschäftsjahr verrechnet.

Bei den Abschreibungsdaten, die Sie über die Option *Abschreibungsdaten eintragen* (siehe Kapitel 5.3.5) festlegen, geben Sie die ursprünglichen Werte ein. Das heißt, Sie geben Nutzungsdauer, Abschreibungsart und Erinnerungswert zum Zeitpunkt des tatsächlichen Kaufs ein. Erst wenn Sie diese Dateneingabe abgeschlossen haben, werden die Daten für die Anpassung eingegeben: das tatsächliche Anschaffungsdatum und aktuellen Restwert zum Zeitpunkt der Buchung.

Anpassung eines Anlagegegenstandes an GS-EAR

Auf der Basis dieser beiden Daten berechnet GS-EAR fortan die korrekten Abschreibungsbeträge beim Jahresabschluss. Das einzige, was Sie nun noch tun müssen, ist die manuelle Erhöhung des entsprechenden Anlagekontos, z.B. Maschinen, um den aktuellen Buchwert. Diese Änderung führen Sie mit der Option *Anfangsbestände eingeben/ändern* im Untermenü *Buchen* durch (siehe Kapitel 5.4).

5.3.4 Verkauf eines Anlagegegenstandes

Die bei den Abschreibungsdaten angegebene Nutzungsdauer sowie der jeweils aktuelle Buchwert eines Anlagegegenstandes sind rein spekulativer Natur. In der Realität kommt es häufig vor, daß beispielsweise eine

Maschine wieder weiterverkauft oder in Zahlung gegeben wird. Ein solcher Vorgang muß natürlich entsprechend verbucht werden, zumal in den meisten Fällen Buchwert und der beim Verkauf tatsächlich erzielte Betrag nicht übereinstimmen.

Die Option *Verkauf eines Anlagegegenstandes* ermöglicht Ihnen, diesen Geschäftsvorgang zu bearbeiten. Für EA-Rechner gilt dabei, daß der Restbuchwert eines verkauften Anlagegegenstandes als Betriebsausgabe verbucht werden muß, sowie der Erlös als Betriebseinnahme. Außerdem müssen Sie das jeweilige Anlagekonto um den Buchwert des verkauften Anlagegegenstand korrigieren. Durch diese Buchungen passiert folgendes: der Restbuchwert des Anlagegegenstandes wird quasi als Sonderabschreibung voll als Ausgabe und damit steuermindernd verbucht und der Verkaufserlös als Einnahme. Die Differenz dieser beiden Buchungen ergibt dann den Gewinn oder den Verlust der Veräußerung.

Nachdem Sie den verkauften Anlagegegenstand in der Anlageliste mit dem Leuchtbalken markiert und die Option aktiviert haben, werden zwei Buchungen vorgeschlagen: die Restwertberichtigung und der Anlageverkauf. Hierfür müssen Sie jedoch vorher über die Option *Kontenvorgabe für Anlagenverkauf* (siehe Kapitel 5.3.9) zwei Konten, ein Ausgabe- und ein Verrechnungskonto, definieren, die diese Geschäftsvorfälle aufnehmen. Sie brauchen dann nur noch die Buchungstexte für die beiden Buchungen einzugeben oder Sie übernehmen mit ⏎ die Vorgaben Rest-wertberichtigung und Anlagenverkauf. Falls Sie im laufenden Geschäftsjahr bereits eine Abschreibungsbuchung für diesen Gegenstand vorgenommen haben, korrigiert GS-EAR diese Buchung. Abschließend müssen Sie nur noch den Erlös des Anlageverkaufes als normale Geschäftsbuchung auf einem Erlöskonto erfassen.

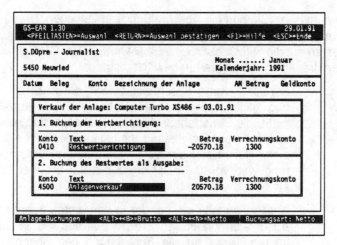

Buchung eines Anlageverkaufs

5.3.5 Abschreibungsdaten eintragen

Mit der Erfassung eines Anlagegegenstandes über die Option *Anlagege-genstand neu eingeben* haben Sie lediglich den Kauf erfasst. Damit je-doch die Abschreibungen von GS-EAR korrekt verwaltet werden können, sind einige zusätzliche Angaben notwendig.

Wenn Sie für ein Anlagegegenstand diese Daten eingeben möchten, markieren Sie in bekannter Art und Weise den entsprechende Anlage-gegenstand, aktivieren das Menü (⏎) und wählen die Option *Abschreibungsdaten eintragen* (D).

Als erstes müssen Sie nun die Abschreibungsart festlegen. Die Abschreibungsart sagt etwas über die Art und Weise aus, wie die Anschaffungskosten auf die Nutzungsdauer verteilt werden. Bei GS-EAR kann zwischen drei Abschreibungsarten gewählt werden:

Linear
Bei der linearen Abschreibung wird der Anschaffungsbetrag gleichmäßig auf die Nutzungsdauer verteilt. Das heißt, die Periodenabschreibungsbeträge sind gleich. Bei einem Anlagegegenstand mit einem Wert von 4.000 DM, einer Nutzungsdauer von 4 Jahren und einem Erinnerungswert von 0.00 DM ergibt sich für alle vier Perioden ein Abschreibungsbetrag von je 1.000 DM.

Degressiv
Abschreibungsform, bei der in den ersten Jahren höhere Abschreibungsbeträge erreicht werden als in späteren Jahren. Basis für die Berechnung des Abschreibungsbetrages ist ein Abschreibungsprozentsatz. Besonderheit bei dieser Form, ist die Tatsache, daß mit der degressiven Abschreibung ein Buchwert von 0.00 DM nie erreicht wird, da man das Bildungsgesetz einer unendliche Reihe einer endliche Nutzungsdauer zugrundelegt. Aus diesem Grunde bietet sich in der letzten Periode der Übergang von der degressiven zur linearen Abschreibungsform an. Dies ist steuerrechtlich jedoch nicht umkehrbar, es darf also nicht von der linearen zur degressiven Abschreibungsform gewechselt werden!

Zeitanteilig Die zeitanteilige Abschreibung ist eine Sonderform der linearen Abschreibung. Hierbei wird der Zeitpunkt der Anschaffung mit berücksichtigt. Wenn Sie beispielsweise ein Anlagegegenstand im März eines Jahres erwerben, werden für die Berechnung in diesem Jahr nur die Monate März bis Dezember berücksichtigt. Das bedeutet das vom Abschreibungsbetrag der linearen Abschreibung im ersten Jahr nur 10/12 veranschlagt werden. In den Folgejahren ist der Abschreibungsbetrag mit dem einer linearen Abschreibung identisch. Daraus resultiert, das bei gleicher Nutzungsdauer das zeitanteilig abgeschrieben Anlagegegenstand ein Geschäftsjahr länger mit fehlenden Betrag aus den Anschaffungsjahr abgeschrieben wird. Das heißt, in diesem Fall sind im Gegensatz zur linearen Abschreibung Nutzungsdauer und Geschäftsjahre nicht identisch.

Beispiel:
Im Mai eines Jahres wird eine Maschine für 20.000 DM angeschafft. Die Nutzungsdauer beträgt 5 Jahre. Der Abschreibungsprozentsatz für die degressive Abschreibung soll 30 Prozent betragen und es werden dabei keine Sonderabschreibungen berücksichtigt.

	linear	degressiv	zeitanteilig
A-Betrag 1.Jahr	4.000,00 DM	6.000,00 DM	2.666,67 DM
A-Betrag 2.Jahr	4.000,00 DM	4.200,00 DM	4.000,00 DM
A-Betrag 3.Jahr	4.000,00 DM	2.940,00 DM	4.000,00 DM
A-Betrag 4.Jahr	4.000,00 DM	2.058,00 DM	4.000,00 DM
A-Betrag 5.Jahr	4.000,00 DM	1.440,60 DM	4.000,00 DM
A-Betrag 6.Jahr	- keine AfA -	- keine AfA -	1.333,33 DM
Gesamtbetrag	20.000,00 DM	16.638,60 DM	20.000,00 DM

Je nachdem welche der Abschreibungsarten Sie vorziehen, geben Sie im Feld AfA-Art eine 1 für linear, 2 für degressiv oder 3 für zeitanteilige AfA ein und bestätigen mit ⏎ .

Falls Sie sich für die degressive AfA entschieden haben, müssen Sie in einem weiteren Feld einen Prozentsatz für die degressive Berechnung eingeben, z.B. 25 ⏎ . Dabei darf steuerrechtlich der auf dem gewählten Prozentsatz beruhende Abschreibungsbetrag höchstens das dreifache des Abschreibungsbetrages bei linearer Abschreibung betragen und 30 Prozent nicht übersteigen. Die Beachtung der ersten Vorschrift kommt jedoch nur bei Nutzungszeiträumen von über 10 Jahren in betracht. Im nächsten Feld geben Sie die voraussichtliche Nutzungsdauer des Anlagegegenstandes ein. Auch hierfür gibt es steuerrechtliche Vorschriften, die Ihnen relativ wenig Spielraum lassen, es wird von einer »betriebsgewöhnlicher Nutzungsdauer« ausgegangen. Hier müssen Sie im Einzelfall Ihr Finanzamt fragen. Als letztes geben Sie den Schrottwert oder buchhalterisch gesehen den »Erinnerungswert«, in der Regel 1 DM ein. Bis auf diesen Betrag wird dann der Anlagegegenstand innerhalb des angegebenen Zeitraums abgeschrieben.

```
 GS-EAR 1.30                                           29.01.91
 <PFEILTASTEN>=Auswahl  <RETURN>=Auswahl bestätigen  <F1>=Hilfe  <ESC>=Ende

 S.Düpre - Journalist
                                        Monat ......: Januar
 5450 Neuwied                           Kalenderjahr: 1991

 Datum  Beleg    Konto  Bezeichnung der Anlage      AN_Betrag  Geldkonto

 01.01                                              23450.00    1210
 29.01    Konto ....... 0450                        12560.00    1210
          Datum ....... 29.01.91
          Beleg-Nr .... ER10
          Text ....... Computer XS496 Turbo
          Betrag ...... 14318,40
          Steuercode .. 2
          Geldkonto ... 1210

          AfA-Art (1=lin./2=degr./3=zeitant.) 2  30.00 %
          Nutzungsdauer in Jahren ........... 5
          Restwert der Anlage ............... 1       ,

 Anlage-Buchungen    <ALT>+<B>=Brutto  <ALT>+<N>=Netto   Buchungsart: Netto
```

Geringwertige Wirtschaftsgüter

Unter bestimmten Umständen können Anlagegegenstände im Jahr der
Anschaffung voll abgeschrieben werden, obwohl ihre betriebliche Nutzungsdauer höher liegt. Der Gesetzgeber sieht dies zur Zeit für
Anlagegegenstände vor, die nicht mehr als 800 DM (netto!) kosten. In
diesem Fall spricht man von geringwertigen Wirtschaftsgütern, sogenannten GWG's.

Dabei besteht für Sie jedoch ein Wahlrecht zwischen Direktabschreibung
und Periodenabschreibung. GS-EAR macht Sie bei der Eingabe der
Abschreibungsdaten auf diesen Umstand aufmerksam. Wenn Sie diese
Abfrage mit Ⓙ bestätigen, schreibt GS-EAR den Anlagegegenstand
sofort vollständig, mit einem Erinnerungswert von 0,00 DM ab.

Wenn Sie jedoch [N] drücken, können Sie in gewohnter Weise die Abschreibungsdaten eingeben. Dies bietet sich eventuell auch für GWG's an. Und zwar dann, wenn Sie GWG's mit einem Erinnerungswert von 1,00 DM Abschreiben möchten. In diesem Fall wählen Sie lineare Abschreibung, Laufzeit von 1 Jahr und einen Schrottwert von 1,00 DM. Der Vorteil dabei ist, daß so beim Jahresabschluss der Anlagegegenstand mit 1,00 DM in das neue Geschäftsjahr übernommen wird.

Benutzen Sie dagegen die Automatik für GWG's, wird der Anlagegegenstand gelöscht. Wie bei allen steuerrechtlichen Bestimmungen, gibt es aber auch in diesem Fall Ausnahmen von der Regel. Dies gilt nur, wenn der Anlagegegenstand einer "selbständigen Nutzung" fähig ist (§6 Abs.II EStG). So ist beispielsweise ein Schreibtisch für 660 DM ein GWG jedoch nicht eine Grafikkarte für 498 DM. Da dieses, wie so vieles im Steuerrecht, Auslegungssache ist der bekannte Rat: fragen Sie Ihr Finanzamt!

Sonderabschreibung nach § 7g EStG
Wenn Sie Ihre Eingabe im letzten Feld `Restwert der Anlage`, mit [↵] abgeschlossen haben, werden Sie auf die Möglichkeit einer Sonderabschreibung nach § 7g EStG hingewiesen. Diese Sonderabschreibung im Jahr der Anschaffung und in den vier folgenden Jahren, ist vom Gesetzgeber als Investitionsanreiz für Kleingewerbetreibende gedacht. Sie können diese Sonderabschreibung jedoch nur unter bestimmten Voraussetzungen in Anspruch nehmen.

Im Zweifelsfall fragen Sie Ihren Steuerberater oder das Finanzamt. Wenn Sie die Frage nach § 7g EStG mit [J] bestätigt haben, schlägt GS-EAR für die Sonderabschreibung zuerst einmal einen Betrag auf der Basis des Höchstsatzes von 20 Prozent vor. Wenn Sie diesen Vorschlag von GS-EAR mit ⏎ akzeptieren, stehen diesem Anlagegegenstand für die restlichen vier Jahre keine Sonderabschreibungen mehr zu. Möchten Sie diese Sonderabschreibung jedoch auf mehr Jahre verteilen, müssen Sie den Betrag manuell ändern.

Sonderabschreibungen nach § 7g EStG

5.3.6 Buchen der Abschreibung

Mit der Erfassung des Anlagegegenstandes und seiner Abschreibungsdaten ist der Abschreibungsprozeß noch nicht abgeschlossen. Als letzten Schritt müssen Sie über die Option *Buchen der Abschreibung* die Buchung des Abschreibungsanteils für das aktuelle Geschäftsjahr starten.

In bekannter Weise markieren Sie den Anlagegegenstand, aktivieren das Menü mit ⏎ und wählen mit B die Option zum Buchen der Abschreibung. Danach verbucht GS-EAR die Abschreibung auf der Basis Ihrer Angaben bei den Abschreibungsdaten. Hierbei werden zwei Buchungen mit dem aktuellen Tagesdatum in die Geschäftsbuchhaltung übertragen. Die erste ist die Wertberichtung bzw. Restwertbuchung des Anlagekontos und die zweite bucht den Abschreibungsbetrag auf das Ausgabekonto Abschreibungen.

Im Anschluß an die Buchung, erscheint in der Anlagenliste der neue Buchwert sowie eine Markierung (*), die Ihnen signalisiert, das Sie diese Position bereits abgeschrieben haben.

Im Allgemeinen werden die Abschreibungen zum Jahres- oder Geschäftsjahresende durchgeführt. Wenn Sie die Buchung aber schon vorher durchführen wollen, um beispielsweise einen Überblick über die Jahresabschreibungssumme zu bekommen, bietet sich die Änderung des Systemdatums über ALT S an. So können Sie schon vorher die Abschreibung zum 31.12. buchen.

Bei der Buchung des Abschreibungen ist noch ein Umstand zu erwähnen. Wenn Sie einen Anlagegegenstandes in der zweiten Jahreshälfte erworben haben, bucht GS-EAR automatisch, entsprechend der steuerrechtlichen Vorschriften, nur die Hälfte des Jahresabschreibungsbetrages. In einem solchen Fall werden Sie jedoch auf dieses Vorgehen aufmerksam gemacht.

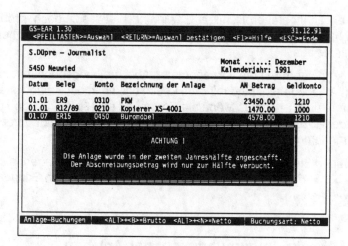

```
 GS-EAR 1.30                                                      31.12.91
   <PFEILTASTEN>=Auswahl  <RETURN>=Auswahl bestätigen  <F1>=Hilfe  <ESC>=Ende

 S.Düpre - Journalist
                                              Monat ......: Dezember
 5450 Neuwied                                 Kalenderjahr: 1991

 Datum  Beleg     Konto  Bezeichnung der Anlage       AN_Betrag  Geldkonto

 01.01  ER9       0310   PKW                           23450.00   1210
 01.01  R12/89    0210   Kopierer XS-4001               1470.00   1000
 01.07  ER15      0450   Büromöbel                      4578.00   1210

          ┌──────────────────────────────────────────────┐
          │                  ACHTUNG !                    │
          │                                               │
          │ Die Anlage wurde in der zweiten Jahreshälfte angeschafft. │
          │ Der Abschreibungsbetrag wird nur zur Hälfte verbucht.     │
          └──────────────────────────────────────────────┘



 Anlage-Buchungen    <ALT>+<B>=Brutto  <ALT>+<N>=Netto   Buchungsart: Netto
```

Abschreibung von Anlagegenständen,
die in der zweiten Jahreshälfte erworben wurden.

5.3.7 Löschen der Abschreibungsbuchung

Eine recht praktische Option ist *Löschen der Abschreibungsbuchung*.
Am Jahresende vollzieht sich bei den meisten Unternehmern immer das
gleiche Spielchen: wie sehe ich vor dem Finanzamt am besten aus. Neben der Rücknahme versehentlich verbuchter Abschreibungen bietet
diese Option auch die Möglichkeit verschieden Abschreibungsformen
und deren Auswertungen auf die Gewinn- und Verlustrechnung auszu-

probieren. Ist Ihr steuerpflichtiger Gewinn noch etwas zu hoch, probieren Sie doch einmal die degressive Abschreibungsform mit einem hohen Prozentsatz aus.

Hierfür korrigieren Sie die vorgenommen Abschreibungsbuchung, indem Sie den Anlagegegenstand mit dem Leuchtbalken in der Anlageliste markieren, über ⏎ das Menü aktivieren und mit J die Option *Löschen der Abschreibungsbuchung* starten. GS-EAR berichtigt daraufhin alle vorgenommen Buchungen und Salden.

Nun können Sie über die Option *Abschreibungsdaten eintragen* (siehe Kapitel 5.3.5) die Abschreibungsform, Prozentsatz oder den Erinnerungswert ändern.

5.3.8 Abschreibungsübersicht der Anlagen

Wenn Sie nähere Informationen über einen Anlagegegenstand benötigen, können Sie die Option *Abschreibungsübersicht der Anlagen* bemühen. Hier werden Ihnen detailliert Informationen über Abschreibungsdaten und Abschreibungsbeträge einschließlich Sonderabschreibung angezeigt. Einzige Voraussetzung ist, daß die Abschreibung des Anlagegegenstandes im aktuellen Jahr bereits verbucht ist.

Damit Ihnen GS-EAR nun diese Übersicht anzeigt, wählen Sie den gewünschten Anlagegegenstand mit dem Leuchtbalken aus, drücken ⏎ und wählen mit J die Option *Abschreibungsübersicht der Anlagen*.

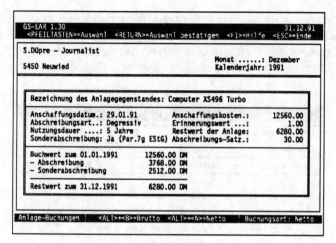

Abschreibungsübersicht

5.3.9 Kontenvorgabe für Anlagenverkauf

Im Kapitel 5.3.4 *Verkauf eines Anlagegegenstandes* wurde bereits darauf hingewiesen, daß Sie für das korrekte Verbuchen eines Anlagenverkaufs zwei spezielle Konten benötigen. Die Kontonummern dieser beiden Konten werden GS-EAR über die Option *Kontenvorgabe für Anlagenverkauf* mitgeteilt. Das heißt, mit dieser Option werden die Konten nicht definiert. Dies müssen Sie gesondert über die Option *Kontenrahmen bearbeiten* (siehe Kapitel 5.6) vornehmen. Nachdem Sie nun die Option *Kontenvorgabe für Anlagenverkauf* mit K im Untermenü *Anlage-Buchungen* aktiviert haben, geben Sie zuerst das Konto für die

Verbuchung des Restwerts und anschließend das Verrechnungskonto für die Korrektur des Buchwerts ein. Nachdem Sie das zweite Feld mit ⏎ abgeschlossen und die Übernahme der Kontenvorgabe mit J bestätigt haben, erscheint wieder das Untermenü *Buchen*.

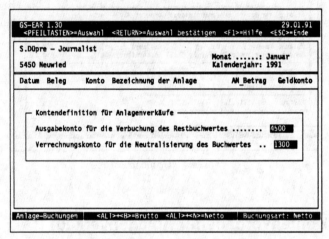

```
GS-EAR 1.30                                                        29.01.91
  <PFEILTASTEN>=Auswahl  <RETURN>=Auswahl bestätigen  <F1>=Hilfe  <ESC>=Ende

S.Dupre - Journalist
                                              Monat ......: Januar
5450 Neuwied                                  Kalenderjahr: 1991

Datum  Beleg      Konto  Bezeichnung der Anlage       AN_Betrag   Geldkonto


   ┌─ Kontendefinition für Anlagenverkäufe ──────────────────────

     Ausgabekonto für die Verbuchung des Restbuchwertes ........ 4500

     Verrechnungskonto für die Neutralisierung des Buchwertes .. 1300




Anlage-Buchungen   <ALT>+<B>=Brutto  <ALT>+<N>=Netto  │ Buchungsart: Netto
```

Kontenvorgabe für Anlagenverkäufe

5.4   Anfangsbestände eingeben/ändern

GS-EAR bietet Ihnen die Möglichkeit, die Anfangsbestände aller Konten zu verändern. Hierzu wählen Sie aus der Kontenliste, die nach der Aktivierung der Option *Anfangsbestände eingeben/ändern* (J) auf Ihrem

Bildschirm erscheint, mit dem Leuchtbalken das gewünschte Konto an und drücken ⏎. Nun können Sie den angezeigten Betrag ändern oder löschen. Haben Sie die Änderung mit ⏎ bestätigt, erscheint wieder die Kontenliste und Sie können das nächste Konto ändern.

Haben Sie alle Änderungen vorgenommen, verlassen Sie die Option mit ESC und bestätigen die Übernahme der neue Kontenstände mit J. Daraufhin aktualisiert GS-EAR die entsprechenden Konten und fügt dazugehörige Eröffnungsbuchungen in die Geschäftsbuchhaltung ein.

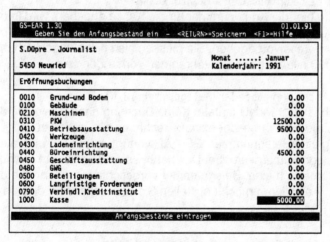

Anfangsbestände eingeben

5.5 Mandantenbezogene Einstellungen

Neben den allgemeinen Einstellungen, die Sie bereits in Kapitel 3.2 *Standardeinstellungen* kennengelernt haben, sind für jeden Mandanten noch eine Reihe von Einstellungen vorzunehmen, die vor allem die Belegnummernautomatik von GS-EAR betreffen.

Allgemeine Mandanten-Einstellungen
Vorgabe der Kontonummer – Konto Kasse
Wenn Sie hier die Kontonummer für die Kasse angeben, wird in den Auswertungen der Menüpunkt *Kassenbuch ausdrukken*, diese Kontonummer bereits vorgegeben, Sie müssen also nicht lange suchen. Das Konto muß allerdings im Kontenrahmen vorhanden sein.

Automatische Vergabe der Belegnummer (J/N)
Ein Buchhaltergrundatz lautete: Keine Buchung ohne Beleg. Da dies auch für die Einnahme-Überschuß-Rechnung gilt, gehört zu jeder Buchung eine Belegnummer. GS-EAR verfügt dafür über eine automatische Belegnummernvergabe. Das heißt, es wird bei jedem Buchungssatz automatisch eine Belegnummer vorgeschlagen. Wenn Sie diese Automatik aktivieren möchten, stellen Sie den Schalter in diesem Feld auf J.

Automatik mit Trennung nach Kontoart (J/N)
GS-EAR verfügt bei der Belegnummernvergabe über eine automatische Trennung nach Eingangs- und Ausgangsrechnungen sowie Geldbu-

chungen. Ist dieser Schalter sowie der Schalter im Feld **Automatische Vergabe der Belegnummer** auf J gestellt, werden für die verschiedenen Kontenarten unterschiedliche Belegkürzel verwendet.

Belegnummer mit führenden Nullen (J/N)
Wenn dieser Schalter auf J geschaltet ist, werden der Belegnummern Nullen vorangestellt (z.B. ER000001 bzw. 000001). Andernfalls erscheint nur die Belegnummer im entsprechende Datenfeld (z.B. ER1 bzw. 1).

Automatik mit Trennung
Kürzel für Eingangsrechng.
Wenn Sie die automatische Vergabe der Belegnummern aktiviert haben sowie die Trennung nach Kontenarten, verwendet GS-EAR das hier eingegebene Kürzel für Eingangsrechnungen (z.B. ER).

Kürzel für Ausgangsrechng.
Wenn Sie die automatische Vergabe der Belegnummern sowie die Trennung nach Kontenarten aktiviert haben, verwendet GS-EAR das hier eingegebene Kürzel für Ausgangsrechnungen (z.B. AR).

Kürzel für Geldbuchungen
Wenn Sie die automatische Vergabe der Belegnummern sowie die Trennung nach Kontenarten aktiviert haben, verwendet GS-EAR das hier eingegebene Kürzel für Geldbuchungen (z.B. GT).

Start bei laufender Nummer
Damit Sie existierende Systematiken übernehmen können, legen Sie für alle drei Kontenarten in diesen Feldern einen eigenen Startwert fest.

Automatik ohne Trennung
Start bei laufender Nummer

Damit Sie existierende Systematiken übernehmen können, legen Sie in diesem Feld einen Startwert fest. Voraussetzung für die Verwendung dieses Startwertes ist ein J im Feld Automatische Vergabe der Belegnummer und ein N im Feld Automatik mit Trennung nach Kontoart.

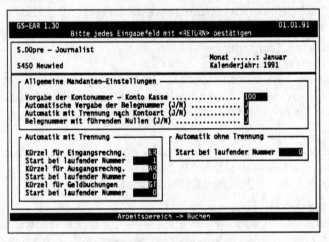

Standardeinstellungen Mandanten

Die Eingabemaske verlassen Sie wie gewohnt mit ESC. Falls Sie die gemachten Angaben sichern möchten, bestätigen Sie die Sicherheitsabfrage mit J andernfalls mit N.

5.6 Kontenrahmen bearbeiten

Bei der Funktion *Kontenrahmen bearbeiten* ($\boxed{\text{J}}$) handelt es sich um eine Kopie der bereits erläuterten Funktion *Aktiven Kontenrahmen bearbeiten* im Untermenü *Einstellungen.* Der Unterschied besteht nun darin, daß Sie über diese Option nur den aktiven mandantenspezifischen Kontenrahmen bearbeiten können.

Wenn Sie die Option aktiviert haben, erscheint die Liste der definierten Konten. Nun markieren Sie das zu bearbeitenden Konto und drücken die $\boxed{\hookleftarrow}$-Taste. Dann öffnet sich das Menüfenster der Option. In diesem Menü stehen Ihnen dann Funktionen für Ändern, Löschen, Neueingabe und Suche zur Verfügung.

Da diese Funktionen exakt den in Kapitel 2 beschrieben Funktionen der Option *Aktiven Kontenrahmen definieren* entsprechen, wird an dieser Stelle auf eine erneute Erläuterung verzichtet. Genauere Ausführungen dieser Funktionen finden Sie in den entsprechenden Abschnitten im Kapitel 2.1.1.

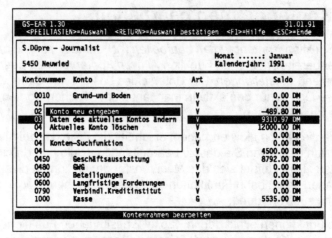

Bearbeiten eines Mandantenkontenrahmen

5.7 Buchungstexte eingeben/ändern

In den Kapiteln der Geschäfts-, offenen-Posten- und Anlagebuchhaltung haben Sie schon einiges über die Vorzüge der Standard- bzw. Makrobuchungen gehört.

Sinn und Zweck dieser Standardbuchungstexte sind Arbeitserleichterungen bei regelmäßig anfallenden Geschäftsvorfällen wie Mietzahlungen, Versicherungsbeiträge oder Telefonkosten.

Nachdem Sie die Option *Buchungstexte eingeben/ändern* mit [D] aktiviert haben, erscheint eine Liste vorhandener Standardbuchungen. Haben Sie noch keine Buchungen eingegeben, müssen Sie Ihre Absicht mit [J] bestätigen.

In diesem Fall öffnet sich die Buchungsmaske, die Sie bereits von den normalen Buchungen her kennen. Einzig die Felder Belegnummer und Datum fehlen, da diese Daten erst im Fall einer Buchung bekannt sind.

Im Feld Betrag der Buchungsmaske, ist eine Eingabe im Gegensatz zu den anderen Feldern nicht zwingend notwendig. Dieses Feld können Sie so später bei der tatsächlichen Buchung ausfüllen.

Nur so können Sie auch Geschäftsvorfälle teilautomatisieren, deren Eckdaten zwar konstant bleiben, der Betrag jedoch variiert. Ein Beispiel hierfür ist die monatliche Verbuchung der Telefonrechnung.

Einmal angelegte Buchungstexte können Sie selbstverständlich auch wieder löschen oder ändern. Hierfür wählen Sie aus der Liste die gewünschte Buchung, betätigen die [←┘]-Taste und wählen aus dem dann erscheinenden Menü die gewünschte Option, [Ä] für Ändern, [L] für Löschen oder [N] für die Neueingabe, aus.

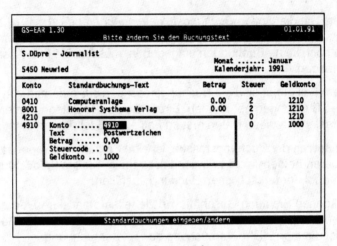

Makrobuchungen erfassen

Wenn Sie in der Geschäfts-, offenen-Posten- und Anlagenbuchhaltung, im Feld Konto [F2] drücken, können Sie einen dieser definierten Buchungstexte übernehmen. Näheres hierzu finden Sie im Abschnitt *Standardbuchungen*, Kapitel 5.1.1 *Neue Geschäftsbuchung erfassen*.

5.8   Mandanten Daten reorganisieren

Die Option *Mandanten Daten reorganisieren* baut sämtliche Suchdateien, die GS-EAR für schnelles Suchen benötigt, des aktiven Mandanten neu auf. Hierbei gilt das gleiche wie bei der allgemeinen Datenreorganisation im Untermenü *Dienstprogramme*, die eine Reorganisation der

Mandantendateien einschließt. Diese Option sollten Sie daher auch bei einem Systemabsturz verwenden. Trotzdem sollten Sie in regelmäßigen Abständen eine Datenreorganisation der Mandantendaten durchführen. Der Grund ist recht einfach: GS-EAR entfernt gelöschte Buchungsvorgänge oder Konten nicht physisch aus den einzelnen Mandantendateien sondern markiert diese Daten lediglich. Diese Vorgehensweise basiert auf der Programmierung in Clipper. Damit nun aber die einzelnen Dateien nicht ins uferlose anwachsen, ist über eine Datenreorganisation ein physisches Entfernen der markierten Daten möglich.

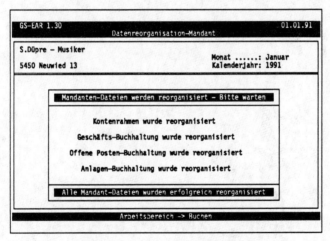

Reorganisation der Mandantendaten

Kapitel 6

Auswertung

Allgemein ist ein Buchhaltungsprogramm nur so gut wie seine Auswertungsmöglichkeiten. Das heißt, Sinn und Zweck eines Buchhaltungsprogramms, in unserem Fall einer Einnahme-Überschuß-Rechnung, ist es unter anderem, dem Anwender vielfältige Übersichten, Auswertungen und Informationen an die Hand zu geben, die auf den einzelnen Buchungsvorfällen basieren. So auch bei GS-EAR.

Der Bereich Auswertungen ist bei GS-EAR dreigeteilt. Einmal erhalten Sie allgemeine Auswertungen über Kontenplan, Offene-Posten, Abschreibungen und Kontenumsätze:

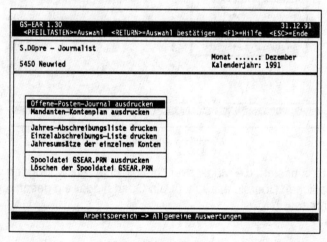

Allgemeine Auswertungen

Eine zweiter Bereich sind gezielte monatliche Auswertungen, wie Gewinn und Verlustrechnung, Summen- und Saldenliste oder Umsatzsteuer-Voranmeldung:

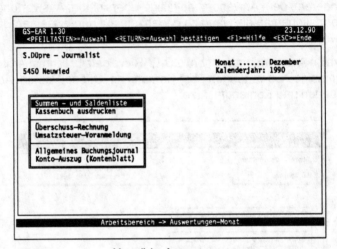

Monatliche Auswertungen

Und Drittens besteht die Möglichkeit, die gleichen Auswertungen wie bei der monatlichen Übersicht, auch für ein Quartal oder ein gesamtes Jahr vorzunehmen:

Quartals- und Jahresauswertungen

Bei den meisten Auswertungen haben Sie jeweils die Wahl zwischen einer Ausgabe auf dem Bildschirm, einem Drucker oder einer Spooldatei (siehe auch 1.6 *Spooldatei ausdrucken und löschen*). Es versteht sich von selbst, daß die jeweiligen Druckerausgaben wesentlich detaillierter sind als Ausgaben auf dem Bildschirm, da zum Beispiel durch den verwendeten Schmaldruck wesentlich mehr Zeichen pro Zeile zur Verfügung stehen. Auf dem Bildschirm erhalten Sie lediglich reine Zahlenübersichten, die auf einem Ausdruck beispielsweise nach einzelnen Konten, Steuersätze oder Zeiträumen aufgeschlüsselt werden. Das gewünschte Ausgabemedium wählen Sie nach der Aktivierung der jeweiligen Option über ein Auswahlmenü:

Auswahlmenü des Ausgabemediums

Haben Sie vor der Aktivierung des Untermenüs *Auswerten* über ⒜ noch keine Mandantenauswahl vorgenommen, müssen Sie dies noch nachholen. Aus der dann erscheinenden Mandantenliste wählen Sie den gewünschten Mandanten aus und bestätigen Ihre Wahl mit ⏎ .

Im folgenden werden die einzelnen Auswertungsarten kurz vorgestellt. Entsprechend der gewünschten Auswertungszeiträume, Monat, Quartal oder Jahr, wählen Sie die entsprechende Option des Untermenüs *Auswerten*.

Bei allen Bildschirmauswertungen erscheint am oberen Bildschirmrand der Adresskopf des jeweiligen Mandanten. Bei Druckerausgaben erscheinen im Adresskopf die Anschrift des Mandanten, Seitennummer, Auswertungsdatum sowie Währung.

6.1 Allgemeine Auswertungen

Wenn Sie die Option *Allgemeine Auswertungen* ([J]) gewählt haben, erscheint ein weiteres Untermenü, das Ihnen folgende Auswertungsmöglichkeiten bietet:

❑ Ausdrucken eines offenen Posten Journals ([O])
❑ Ausdrucken des aktuellen Mandantenkontenplans ([M])
❑ Ausdrucken einer Jahresabschreibungsliste ([J])
❑ Ausdrucken einer Einzelabschreibungsliste ([E])
❑ Ausgabe der Jahresumsätze einzelner Konten ([U])
❑ Ausdrucken der Spooldatei ([D])
❑ Löschen der Spooldatei ([L])

6.1.1 Offene-Posten Journal ausdrucken

Wie der Name der Funktion bereits andeutet, ist beim Offenen-Posten-Journal nur eine Ausgabe auf dem Drucker bzw. über die Spooldatei möglich.

Der Ausdruck enthält für jeden offenen Posten Angaben über

❑ Datum
❑ Beleg
❑ Bezogenes Konto
❑ Buchungstext
❑ Rechnungssumme
❑ Restbetrag
❑ Art des offenen Posten (Einnahme oder Ausgabe)

In der Schlußzeile erscheinen die Summen der
❑ Offenen Forderungen und
❑ Offenen Verbindlichkeiten.

6.1.2 Mandanten Kontenplan ausdrucken

Da es trotz Kontierungshilfe etwas mühsam ist, den Überblick über einen oder sogar verschiedene Kontenrahmen zu behalten, können Sie den Kontenrahmen des aktuellen Mandanten ausdrucken.

Der Ausdruck enthält eine nach Kontonummern sortierte Liste aller Konten mit der Angabe von

❑ Kontonummer
❑ Bezeichnung
❑ Kontenart (z.B. `Anlagekonto`)
❑ Saldenvorschrift (Negativ-Bestand Ja oder Nein).

6.1.3 Jahres-Abschreibungsliste drucken

Wenn Sie eine Gesamtübersicht über Ihr Anlagevermögen benötigen, liegen Sie mit der Option *Jahres-Abschreibungsliste drucken* richtig.

In übersichtlicher Form werden alle Anlagegegenstände aufgelistet. Dabei erhalten Sie zu jeder Position Angaben über

❑ Anschaffungsdatum
❑ Anschaffungskosten
❑ Abschreibungsart
❑ AfA-Satz

❏ Nutzungsdauer
❏ Erinnerungswert
❏ Buchwert zu Beginn des Geschäfstjahres
❏ Abschreibungsbetrag im aktuellen Geschäftsjahr
❏ Restwert

In der Schlußzeile erscheinen die Summen der

❏ Anschaffungskosten
❏ Buchwerte zu Beginn des Geschäfstjahres
❏ Abschreibungsbeträge im aktuellen Geschäftsjahr
❏ Restwerte

Eine Ausgabe auf dem Bildschirm ist bei der Option *Jahres-Abschreibungsliste drucken* nicht möglich.

6.1.4 Einzelabschreibungsliste drucken

Noch detailliertere Angaben über die einzelnen Anlagegegenstände erhalten Sie über die Option *Einzelabschreibungs-Liste drucken.*

Die Daten des Ausdrucks entsprechen dabei exakt der Bildschirmdarstellung der Option *Abschreibungsübersicht der Anlagen* im Untermenü der Anlagebuchhaltung (siehe Kapitel 5.3.8).

Beispiel:

Bezeichnung des Anlagegegenstandes: Computer XS496 Turbo

Anschaffungsdatum.:	29.01.91	Anschaffungskosten.:	12560.00
Abschreibungsart..:	Degressiv	Erinnerungswert ...:	1.00
Nutzungsdauer ....:	5 Jahre	Restwert der Anlage:	6280.00
Sonderabschreibung:	Ja	Abschreibungs-Satz.:	30.00

Buchwert zum 01.01.1991	12560.00 DM
- Abschreibung	3768.00 DM
- Sonderabschreibung	2512.00 DM
Restwert zum 31.12.1991	6280.00 DM

Eine Ausgabe auf dem Bildschirm ist bei der Option *Einzelabschreibungs-Liste drucken* nicht möglich.

6.1.5 Jahresumsätze einzelner Konten

Die Option *Jahresumsätze einzelner Konten* bietet Ihnen einen nach Monaten aufgeschlüsselten Überblick über einzelne Konten.

Haben Sie als Ausgabemedium den Bildschirm gewählt, erscheint ein zweigeteiltes Fenster auf dem Bildschirm. In der linken Hälfte sind die vorhandenen Konten alphabetisch aufgelistet. Der Leuchtbalken steht auf dem ersten Konto. Rechts daneben werden Ihnen die einzelnen Monatsumsätze sowie der Jahressaldo des markierten Kontos angezeigt. Bewegen Sie sich nun mit der Pfeiltaste (⬆ bzw. ⬇) innerhalb der Kontenliste, ändern sich die Werte des rechten Fensters entsprechend dem aktuellen Konto.

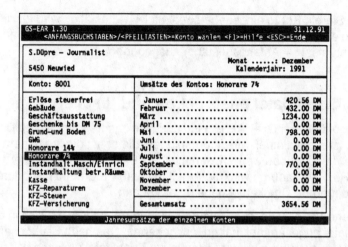

Bei der Ausgabe auf dem Drucker- bzw. der Spooldatei wird jeweils ein selektiertes Konto ausgedruckt, daß heißt GS-EAR fordert Sie zuerst auf, eine Kontonummer einzugeben:

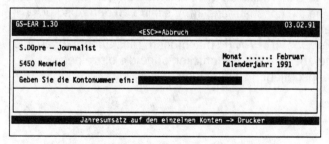

Selektion eines Kontos für den Jahresumsatz

135

Haben Sie ein Konto eingegeben und mit [←⏎] bestätigt, wird für dieses Konto die Monatsumsätze, Gesamtumsatz sowie der Kontoendstand (Gesamtumsatz + Anfangsbestand) ausgegeben.

6.1.6 Spooldatei ausdrucken und löschen

Die Spooldatei bei GS-EAR ist eine ausgezeichnete Einrichtung. Das Prinzip ist recht simpel. Alle Informationen, die sonst direkt auf dem Drucker ausgegeben werden, sammelt GS-EAR in der Druckdatei GSEAR.PRN. Dadurch wird die Arbeit mit dem Programm nicht durch längerdauernde Druckerausgabe unterbrochen.

Erst wenn Sie es wünschen, werden alle Informationen, die sich in der Spooldatei angesammelt haben, ausgegeben. Das heißt Sie können mehrere Auswertungen oder Listen in die Spooldatei umleiten. Wenn Sie die Option *Spooldatei GSEAR.PRN ausdrucken* aktivieren ([D]) druckt GS-EAR alle Informationen der Datei auf einem Drucker aus.

Die Datei wird im Anschluß nicht automatisch gelöscht. Entweder müssen Sie die Löschabfrage im Anschluß an den Ausdruck mit [J] bestätigen oder aber ausdrücklich über die Option *Löschen der Spooldatei GSEAR.PRN* ([L]) anordnen. Dies erlaubt Ihnen, die Spooldatei mehrmals auszudrucken ohne die einzelnen Auswertungsoptionen zu bemühen.

6.2 Monats, Quartals und Jahresauswertung

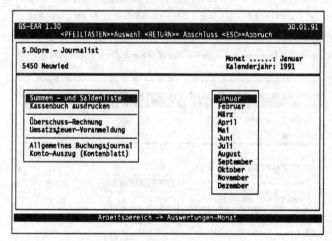

Monatliche Auswertungen

Die Optionen der beiden Untermenüs *Auswertungen Monat* (M) sowie *Auswertungen Quartal/Jahr* (Q) sind inhaltlich identisch:

❑ Ausgabe einer Summen- und Saldenliste (M)
❑ Ausdrucken eines Kassenbuches (B)
❑ Ausgabe einer Überschuß-Rechnung (Ü)
❑ Ausgabe einer Umsatzsteuervoranmeldung (V)
❑ Ausgabe eines Buchungsjournals (A)
❑ Ausgabe von Kontenblättern (K)

Der einzige Unterschied liegt in dem zu selektierenden Auswertungszeitraum. Bei den monatlichen Auswertungen erscheint nach der gewählten Auswertungsart, zum Beispiel *Summen - und Saldenliste*, ein Auswahlfenster für den gewünschten Monat. Hier wählen Sie über die Pfeiltasten (↑ bzw. ↓)) den gewünschten Zeitraum aus und bestätigen ←.

Bei der Option *Auswertungen-Quartal/Jahr* haben Sie im Auswahlfenster die Wahl zwischen einem Quartal oder einer Jahresauswertung.

Quartals- und Jahresauswertungen

6.2.1 Summen- und Saldenliste

Die Summen- und Saldenliste gibt Ihnen einen Überblick über den Umsatz eines Kontos im gewählten Zeitraum. Sowohl bei der Bildschirmausgabe als auch bei der Druckerausgabe erscheint eine alphabetisch geordnete Kontenliste. Dabei werden Anfangsbestand, Umsätze sowie Saldo der einzelnen Konten angezeigt. Bei der Bildschirmdarstellung können Sie mit den Pfeiltasten ($\uparrow$ bzw. $\downarrow$) die Liste scrollen lassen oder über den Anfangsbuchstaben ein bestimmtes Konto suchen.

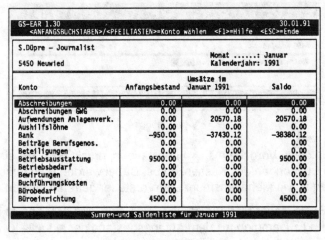

Summen- und Saldenliste

6.2.2 Kassenbuch ausdrucken

Die Option Kassenbuch ausdrucken gibt Ihnen für den gewählten Auswertungszeitraum einen Überblick über die Geschäftsvorfälle des Kassenkontos. Nach der Aktivierung der Option müssen Sie die Kontonummer des Kassenkontos angeben. Als Vorgabe zeigt GS-EAR die Kontonummer an, die Sie bei den Mandanteneinstellungen (siehe Kapitel 5.5
Mandantenbezogene Einstellungen) eingegeben haben.

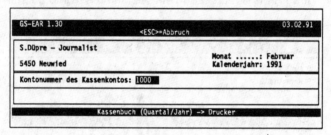

Kassenbuch

Wenn Sie diese Vorgabe mit ⏎ bestätigen, druckt GS-EAR eine Liste
mit allen Buchungen des Kassenkontos. Dabei werden Einnahmen und
Ausgaben sowie Mehrwertsteuer und Vorsteuer getrennt saldiert.

Auf der Basis dieser Einnahmen und Ausgaben wird der Umsatz berechnet und zusammen mit dem Anfangsbestand der aktuelle Kassenbestand ermittelt.

Eine Ausgabe auf dem Bildschirm ist bei der Option *Kassenbuch ausdrucken* nicht möglich.

6.2.3 Überschuß-Rechnung

Die wichtigste Frage jeder Geschäftstätigkeit ist die Frage nach Gewinn oder Verlust. Bei einer Einnahme-Überschuß-Rechnung ist dies ebenso wichtig wie bei einer Bilanzbuchhaltung. Das heißt, Sie ermitteln den Saldo zwischen Ihren Einnahmen und Ihren Ausgaben. Bei der Darstellung auf dem Bildschirm werden die Summen der Netto- und Brutto-Einnahmen bzw. Ausgaben gegenübergestellt sowie der Netto- bzw. Bruttosaldo, das heißt mit und ohne Berücksichtigung der Steuer, errechnet.

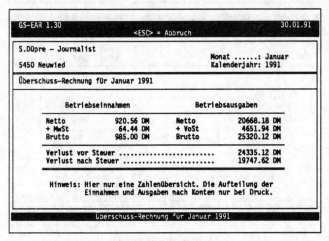

Überschuß-Rechnung

Zusätzlich zu Angaben, die Sie auch bei der Bildschirmausgabe erhalten, werden bei der Druckerausgabe für den gewählten Zeitraum alle Einnahme- und Ausgabekonten mit ihren Salden sowie deren Endsummen aufgeführt.

6.2.4 Umsatzsteuer Voranmeldung

Für viele kleineren Unternehmer ist die monatliche oder vierteljährlich Anfertigung einer Umsatzsteuervoranmeldung Pflicht. GS-EAR erleichtert Ihnen diese Arbeit. Bei der Bildschirmausgabe werden bei dieser Option vereinnahmte Umsatzsteuer sowie gezahlte Vorsteuer gegenübergestellt und die Zahllast bzw. der Erstattungsbetrag ausgegeben.

Umsatzsteuervoranmeldung

Ausführlicher sind in diesem Fall die Informationen, die Sie bei einer Druckerausgabe erhalten. Hier werden alle Umsätze getrennt nach steuerfreien Umsätzen, einschließlich dem Eigenverbrauch mit und ohne Vorsteuerabzug, sowie die steuerpflichtigen Umsätze getrennt nach den

Steuersätzen aufgeführt. Weiter wird die Summe alle Vorsteuerbeträge angegeben sowie abschließend die Zahllast bzw. der Erstattungsbetrag errechnet. Dieser Ausdruck eignet sich hervorragend als Anlage zum Formular der Umsatzsteuervoranmeldung.

6.2.5 Allgemeines Buchungsjournal

Über die Option *Allgemeines Buchungsjournal* können Sie sich eine Liste aller Buchungsvorfälle der Geschäftsbuchhaltung im gewählten Zeitraum auf dem Bildschirm oder dem Drucker ausgeben lassen. Dabei werden die Buchungen entsprechend ihrem Buchungsdatum sortiert.

```
 GS-EAR 1.30                                                    30.01.91
                            <ESC>=Abbruch

  S.Düpre - Journalist
                                         Monat ......: Januar
  5450 Neuwied                           Kalenderjahr: 1991

  Datum  Beleg      Konto  Buchungs-Text           Betrag      Geldkto

  01.01  — AB —     1210   Anfangsbestands-Buchung   -950.00 G ——
  01.01  — AB —     0310   Anfangsbestands-Buchung  12500.00 V
  01.01  — AB —     0410   Anfangsbestands-Buchung   9500.00 V ——
  01.01  — AB —     0440   Anfangsbestands-Buchung   4500.00 V ——
  01.01  — AB —     1000   Anfangsbestands-Buchung   5000.00 G
  03.01  ER000001   0410   Computer Turbo XS486     20570.18 V  1210
  03.01            1570   + 14.00 % VSt             2879.82 A  1210
  12.01  AR003.00   8001   Honorar Systhema Verlag    420.56 E  1210
  12.01            1775   +  7.00 % MwSt              29.44 E  1210
  23.01  ER6        4940   GS-Auftrag Bookware         98.00 A  1210
  23.01            1570   + 14.00 % VoSt              13.72 A  1210
  23.01  AR8        8000   Honorar Systhema Verlag    500.00 E  1000
  23.01            1775   +  7.00 % MwSt              35.00 E  1000
  29.01  ER000001   0410   Restwertberichtigung    -20570.18 V  1300

            Allg. Buchungsjournal für Januar 1991
```

Buchungsjournal

6.2.6 Konto-Auszug

Die Option *Konto-Auszug* ermöglicht Ihnen einen kontenbezogenen
Buchungsüberblick. Nachdem Sie den Auswertungszeitraum festgelegt
haben, wählen Sie bei der Bildschirmausgabe das auszuwertende Konto
aus. Haben Sie die Eingabe mit ⏎ abgeschlossen, zeigt Ihnen GS-
EAR am Bildschirm alle Buchungen des betreffenden Kontos im gewählten Zeitraum mit Datum, Belegnummer, Buchungstext und Betrag an.

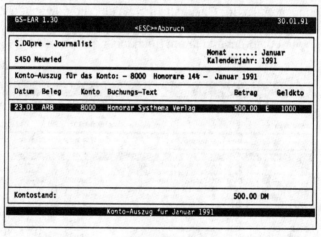

Konto-Auszug

Für den Ausdruck, bei dem die gleichen Angaben wie bei der Bildschirmausgabe aufgeführt werden, legen Sie einen Kontenbereich für die
Auswertung fest. Hierfür wählen Sie Kontonummer des ersten Kontos

und anschließend die Kontonummer des letzten auszuwertenden Kontos. Möchten Sie nur ein Konto auswerten, geben Sie in beiden Feldern die gleiche Kontonummer ein und starten die Ausgabe mit [⏎].

Kontenbereich für Kontoauszüge

Kapitel 7

Anwenderregistrierung

7.1 Schlußbemerkung

Wie Ihnen sicherlich bekannt sein dürfte, dient der Vertrieb von Share-ware-Programmen dem ungestörten Testen des jeweiligen Programms. Wenn Sie also ein Programm schließlich für gut befinden und seine regelmäßige Anwendung ins Auge fassen, sollten Sie sich umgehend beim jeweiligen Autor registrieren lassen. GS-EAR können Sie als Voll-version einschließlich Handbuch (Bookware) vom Systhema Verlag di-rekt bei Ihrem Buchhändler erwerben.

Im Falle von GS-EAR bietet die Firma Gandke & Schubert ein Bündel von Service-Leistungen an, die Sie sich nicht entgehen lassen sollten.

Nach dem Erwerb der Bookware-Version von GS-EAR senden Sie die dort enthaltene Registrierungskarte an Gandke & Schubert. Über eine Hotline wird Ihnen die Unterstützung bei speziellen Problemen mit GS-EAR zugesichert.

Schließlich erhalten Sie als registrierter Anwender auch noch die Möglichkeit, Informationen, Updates und andere Shareware-Programme über eine neu eingerichtete Mailbox zu beziehen.

Neben diesen direkten Vorteilen einer Registrierung, ermöglichen Sie so auch eine ständige Weiterentwicklung des Programms. Denn eine Wei-terentwicklung ist nur bei einer engen Kooperation zwischen Anwender und Programmierer möglich.

Falls Sie nach einer Registrierung also sinnvolle Verbesserungs- und Erweiterungsvorschläge haben, setzen Sie sich umgehend mit der Firma Gandke & Schubert in Verbindung und schon in der nächsten Version können diese Vorschläge verwirklicht werden.

Neben der Weiterentwicklung von GS-EAR ist für 1991 auch die Entwicklung einer mandantenfähigen Finanzbuchhaltung geplant, die Sie dann auch wieder beim Systhema Verlag erwerben können.

Wenn Sie sich direkt an den Autor wenden möchten, hier die vollständige Adresse:

Telefon: 02166 / 61 11 33
Telefax: 02166 / 61 11 17
DFÜ : 02166 / 4 47 13
BTX : *Gandke & Schubert GS Software#

Jürgen London
Gandke & Schubert GbR
Postfach 200 429
4050 Mönchengladbach

7.2   Weitere Produkte von Gandke & Schubert

Neben GS-EAR gibt es von Gandke & Schubert noch drei weitere mehr als interessante Produkte. Diese Produkte erhalten Sie zum Teil jetzt schon als Shareware- und Vollversionen (Bookware) bei Ihrem Buchhändler oder das erscheinen ist in Vorbereitung.

GS-AUFTRAG
GS-AUFTRAG ist die ideale Fakturierung für alle kleinen und mittleren Unternehmen:

- ❏ Umfangreiche Stammdatenverwaltung mit Artikel-, Kunden-, Lieferanten- und Lagerdaten

- ❏ Individueller Schriftverkehr mit Rechnung, Mahnung, Lieferschein, Angebot usw.

- ❏ Verwalten von Barverkauf und Teillieferungen

- ❏ Vielfältige Auswertungen, Listen und Statistiken

- ❏ Schnittstelle zu GS-ADRESSEN und GS-EAR

- ❏ Etikettendruck, Passwortschutz und vieles mehr

GS-ADRESSEN
GS-ADRESSEN bietet Ihnen alle Features, die Sie von einer professionellen Adressenverwaltung erwarten:

- ❏ Großzügige Adressenstammdaten mit großem Bemerkungsfeld (max. 64 KByte).

- ❏ Zuordnung von beliebigen Kennzeichen zu einzelnen Adressen für gezieltere Selektionen

- ❏ Textverwaltung mit Serienbrieffunktion und Volltextrecherche

- ❏ Integriertes deutsches Ortsverzeichnis mit über 30.000 Orten und den dazugehörigen Postleitzahlen und Vorwahlen

- ❏ Listen und Etikettendruck

- ❏ Import von Adressdaten im ASCII-Format

GS-MENU

Das Menügestaltung professionell und dennoch einfach sein kann, zeigt GS-MENU:

- ❑ Einfache Menüstruktur mit wenigen internen Befehlen
- ❑ Programmaktivierung über DOS-Befehle
- ❑ Belegt nur 80 Byte bei der Ausführung von Programmen
- ❑ Parameterübergabe bei Programmaktivierung
- ❑ Individuelle Hilfstexte für jeden Menüpunkt
- ❑ Passwortschutz
- ❑ Optionales Verschlüsselungsprogramm für die Steuerdatei

Anhang

I   Kontenrahmen DATEV-03

Kontonummer	Konto-Bezeichnung	Kontenart
0010	Grund-und Boden	Anlagekonto
0100	Gebäude	Anlagekonto
0210	Maschinen	Anlagekonto
0310	PKW	Anlagekonto
0410	Betriebsausstattung	Anlagekonto
0420	Werkzeuge	Anlagekonto
0430	Ladeneinrichtung	Anlagekonto
0440	Büroeinrichtung	Anlagekonto
0450	Geschäftsausstattung	Anlagekonto
0480	GWG	Anlagekonto
0500	Beteiligungen	Anlagekonto
0600	Langfristige Forderungen	Anlagekonto
0790	Verbindl.Kreditinstitut	Anlagekonto
1000	Kasse	Geldkonto
1210	Bank	Geldkonto
1570	Vorsteuer	Ausgabekonto
1775	Umsatzsteuer	Einnahmekonto
1880	USt-Vorauszahlung	Ausgabekonto
1900	Privat	Geldkonto
2110	Zinsaufwand kurzfristig	Ausgabekonto
2610	Zinserträge	Einnahmekonto
4138	Beiträge Berufsgenos.	Ausgabekonto
4190	Aushilfslöhne	Ausgabekonto
4210	Miete	Ausgabekonto

4240	Strom	Ausgabekonto
4250	Reinigung	Ausgabekonto
4260	Instandhaltung betr.Räume	Ausgabekonto
4280	Sonstige Raumkosten	Ausgabekonto
4360	Versicherungen	Ausgabekonto
4380	Sonstige Beiträge	Ausgabekonto
4390	Lohnsteuer Aushilfen 15%	Ausgabekonto
4510	KFZ-Steuer	Ausgabekonto
4520	KFZ-Versicherung	Ausgabekonto
4530	Lfd.KFZ-Betriebskosten	Ausgabekonto
4540	KFZ-Reparaturen	Ausgabekonto
4580	Sonstige KFZ-Kosten	Ausgabekonto
4610	Werbekosten	Ausgabekonto
4630	Geschenke bis DM 75	Ausgabekonto
4640	Repräsentationskosten	Ausgabekonto
4650	Bewirtungen	Ausgabekonto
4660	Reisekosten Arbeitnehmer	Ausgabekonto
4670	Reisekosten Unternehmer	Ausgabekonto
4800	Abschreibungen	Ausgabekonto
4810	Instandhalt.Masch/Einrich	Ausgabekonto
4830	Werkzeuge und Kleingeräte	Ausgabekonto
4870	Abschreibungen GWG	Ausgabekonto
4910	Porto	Ausgabekonto
4920	Telefon	Ausgabekonto
4930	Bürobedarf	Ausgabekonto
4940	Zeitschriften, Bücher	Ausgabekonto
4955	Buchführungskosten	Ausgabekonto

4970	Nebenkosten Geldverkehr	Ausgabekonto
4980	Betriebsbedarf	Ausgabekonto
4990	Sonstige Kosten	Ausgabekonto
8000	Erlöse 14%	Einnahmekonto
8100	Erlöse steuerfrei	Einnahmekonto

II Kontenrahmen STANDARD

Kontonummer	Kontobezeichnung	Kontenart
020	Kraftfahrzeuge	Anlagekonto
30	Geschäftsausstattung	Anlagekonto
033	Büromaschinen	Anlagekonto
100	Kasse	Geldkonto
110	Postscheck	Geldkonto
111	Bank	Geldkonto
161	Vorsteuer	Ausgabekonto
171	Umsatzsteuer	Einnahmekonto
190	Privat Konto1	Geldkonto
191	Privat-Konto2	Geldkonto
192	Privat-Konto3	Geldkonto
410	KFZ-Kosten	Ausgabekonto
420	Soziale Aufwendungen	Ausgabekonto
430	Energieverbrauch	Ausgabekonto
450	Betriebssteuern	Ausgabekonto
452	Versicherungen	Ausgabekonto
460	Miete	Ausgabekonto

461	Postkosten	Ausgabekonto
462	Büromaterial	Ausgabekonto
463	Werbekosten	Ausgabekonto
464	Reisekosten	Ausgabekonto
465	Instandhaltungskosten	Ausgabekonto
480	Abschreibungen	Ausgabekonto
700	Auftrags-Kosten1	Ausgabekonto
701	Auftrags-Kosten2	Ausgabekonto
702	Auftrags-Kosten3	Ausgabekonto
703	Auftrags-Kosten4	Ausgabekonto
704	Auftrags-Kosten5	Ausgabekonto
800	Erlöse_1	Einnahmekonto
801	Erlöse_2	Einnahmekonto
802	Erlöse_3	Einnahmekonto
803	Erlöse_4	Einnahmekonto
804	Erlöse_5	Einnahmekonto

Index